주일학교 교사 바로 세우기1

지도자 지침서

주일학교교사바로세우기1(지도자 지침서)

초　판 1쇄 인쇄 | (3쇄이후)
개정판 1쇄 발행 | 2025. 11. 20
지은이 | 송지헌
펴낸 곳 | 크리스천리더
편　집 | 홍소희
교　정 | 성주희
일부 총판 | 생명의 말씀사 (02) 3159-7979
등　록 | 제 2-2727호(1999. 9.30)
주　소 | 부천시 소사구 성주로 96 제일빌딩 6층
전　화 | (032) 342-1979
팩　스 | (032) 343-3567
도서 출간 상담 | E-mail:chmbit@hanmail.net
Homepage | www.cjesus.co.kr

ISBN : 978-89-6594-386-0(04230)
978-89-6594-389-1 (세트)

정가 : 6,800원

어디에 내놔도 손색없는 **주일학교 교사 교육 프로젝트**

주일학교 교사 바로세우기1

송지헌 지음

지도자 지침서

교사의 본질

크리스천리더

주일학교 동역자들에게...

주일학교 어린이들의 미래는 우리의 희망입니다. 이들의 비전은 우리의 소망입니다. 이들이 이룰 꿈은 우리의 기쁨입니다. 이들을 가르치고 양육할 교사는 아이들의 소망과 기쁨을 디자인하는 종합 예술가입니다. 교사들의 헌신과 눈물의 기도는 아이들의 소망과 기쁨이 됩니다.

이 책은 단순한 성경공부 교재가 아닙니다. 우리의 소망과 기쁨을 준비하는 책입니다. 이 책은 많은 교사들이 교육 현장에서 알고 싶어 하고, 고민하던 것들에 대한 해답으로 시작되었습니다. 이 교재는 교회학교 교사들을 준비시키고 교육시키기 위한 기본 지침서이자 기존 교사들의 역량 강화와 전문성 신장을 위해 기획되었습니다. 또한 힘들고 지친 교사들에게 위로와 힘을 주기 위해 만들어졌습니다.

교사로 섬기는 것을 두려워하지 마십시오. 이 책을 통하여 믿음의 다음 세대를 함께 세워갑시다.

함께하는 교회 담임 송지헌 목사

CONTENTS

주일학교 동역자들과 함께 나누고픈 이야기

"내가 누구이기에……." (출애굽기 3:1~12)

모세는 하나님께 "내가 누구이기에?"라고 질문을 합니다. 모세의 이 질문 속에는 어떤 의도와 마음이 담겨 있습니까?

"하나님, 잘못 짚었습니다. 내가 누굽니까? 차라리 40년 전에 내가 애굽의 왕자의 위치에 있을 때 날 찾아오셨다면 모를까 지금은 왕자도 아니요 나는 실패한 사람입니다. 아무것도 없습니다. 힘도, 돈도, 권력도, 능력도, 지혜도 아무것도 없습니다. 나는 애굽에서 살인을 저지르고 도망한 도망자입니다. 나는 지금 이 광야에서 남의 양이나 치는 목동입니다. 그런 나에게 이스라엘 백성을 구원하라고요? 웃기지 마십시오. 나는 못합니다."

지금 모세는 하나님이 주신 소명에 대해 거부하는 의미로 "내가 누구이기에 이스라엘 백성을 구원합니까?"라고 하나님을 향해 질문을 합니다. 저는 이 모세의 질문을 여러분에게 던져보고 싶습니다. 여러분은 여러분 자신을 어떻게 생각하고 계십니까? 항상 연초가 시작되면 여기저기서 교사가 부족하니 함께 교사로 봉사하자고 섭외가 옵니다. "올해는 교사 해", "구역장 해", "셀 장을 해야겠어". "올해는 같이 전도하자." 이와 같은 부르심에 여러분도 모세와 같은 의미의 질문을 하지 않습니까?

하나님은 판단력이 흐려져서 실수로 모세를 부르시고, 오늘날 나를 부르실까요? 그렇지 않습니다. 우리 하나님은 전능하신 하나님입니다. 하나님은 한 번도 실수하지 않으시는 분입니다.

"여호와께서 그가 보려고 돌이켜 오는 것을 보신지라 하나님이 떨기나무 가운데서 그를 불러 이르시되 모세야 모세야 하시매 그가 이르되 내가 여기 있나이다"(출 3:4).

하나님은 "모세야! 모세야!" 하면서 분명하게 모세의 이름을 지명하여 부르셨습니다. 도매금으로 이 사람 저 사람을 부르신 것이 아니라 한 사람 한 사람 지명하여 부르셨습니다. 이와 같이 우리도 하나님이 친히 "사랑하는 ○○○야!" 하고 지명하여 부르셨다는 사실을 우리는 기억해야 합니다. 하나님이 저와 여러분을 먼저 선택하여 부르신 이유는 무엇입니까? 여러분을 교사로 세우신 이유가 무엇입니까? 그것은 믿지 않는 이들에게 하나님의 아름다운 덕을 선전하고 영광 돌려서 구원받게 하고, 구원받은 하나님의 자녀들을 그리스도의 장성한 분량까지 성장시키는 일에 우리를 사용하기 원하시기 때문입니다.

사랑하는 교사 여러분! 여러분은 보배롭고 존귀한 존재이면서 또한 하나님께 귀한 영혼 구원의 소명을 받은 사람임을 잊지 마시기 원합니다.

"하나님이 이르시되 내가 반드시 너와 함께 있으리라 네가 그 백성을 애굽에서 인도하여 낸 후에 너희가 이 산에서 하나님을 섬기리니 이것이 내가 너를 보낸 증거니라"(출 3:12).

모세는 하나님이 함께하시는 사람이었습니다. 하나님이 함께하지 않으시면 약한 자에게도 지고, 하나님이 함께하시면 강한 자에게도 이길 수 있습니다. 이스라엘 백성이 가나안 땅을 정복할 때, 하나님이 그들과 함께하시자 난공불락의 여리고 성도 무너뜨리고 승리할 수 있었습니다. 그러나 이스라엘 백성이 하나님의 약속을 어기고 범죄 하여 하나님이 함께하시지 않자 작은 아이 성 정복에도 실패하고 말았습니다.

사랑하는 교사 동역자 여러분!
하나님은 여러분 한 사람 한 사람을 보배롭고 존귀하게 여겨서 지명하여 부르셨습니다. 그리고 여러분을 통하여 죽어가는 사람들이 살아나길 원하십니다. 메마른 뼈들이 살아나길 원하십니다. 그리고 그들이 그리스도의 장성한 분량까지 멋지게 성장하길 원하십니다. 그 일에 우리를 사용하길 원하십니다. 여러분을 통하여 하나님 크기의 큰일을 감당하길 원하십니다. 나에게 주어진 사명을 하나님과 동행하면서, 하나님만 바라보면서, 언제나 새 일을 행하시는 하나님과 함께하면서 이루어 갑시다.

함께하는 교회 담임 송지헌 목사

1. 교재 구성에 관하여

이 교재는 단순히 교사들이 지식을 습득하게 하는 데만 목적을 두지 않았다.
본 교재의 교수법은 리처즈(Richards)의 「Creative Bible teaching」(Chicage:Moody Publishes, 1970)에서 소개된 "Hook, Book, Look, Took" 접근법을 사용하였다. 그 이유는 성경의 가르침이 결코 추상적인 것으로 끝나는 것이 아니라 우리의 삶 가운데 적용하고 행동하기 위한 것에 그 목적을 두었기 때문이다.

아무리 운동력 있고 살아 있는 하나님의 말씀이라 해도 내 삶에 적용하지 않고 그 말씀을 따르지 않는다면 아무런 소용이 없다.
우리가 아이들을 가르치는 것도 하나님의 예언된 말씀을 어떻게 삶 속에 적용시키며, 말씀대로 살아가게 하느냐가 그 중요한 목적이 된다.

리처즈의 "Hook, Book, Look, Took" 접근법은 다음과 같이 구성된다(10p 그림 참고).

첫 번째, 'Hook'은 '주의 끌기' 단계로, 학습자들이 흥미를 갖고 학습 주제에 초점을 맞추도록 돕는다. 즉, 출발점을 학습자와 함께 하는 것이다.

두 번째, 'Book'은 '주제 연구'로서, 이 단계에서는 중요한 주제를 연구하고 설명한다. 물론 그 근거는 성경이다.

세 번째, 'Look'은 '적용점 살피기' 단계로, 주제의 적용을 폭넓게 탐구한다. 이 메시지가 현재에 주는 의미가 무엇인지 찾는 단계이다.

네 번째, 'Took'은 '실천사항 찾기'의 단계로, 학습 주제를 개인적으로 적용하고 무엇을 해야 하는지 행동을 배우는 단계이다. 지금의 내용을 그림으로 표현하면 다음과 같이 표현될 수 있다.

<학습의 이동 그림>

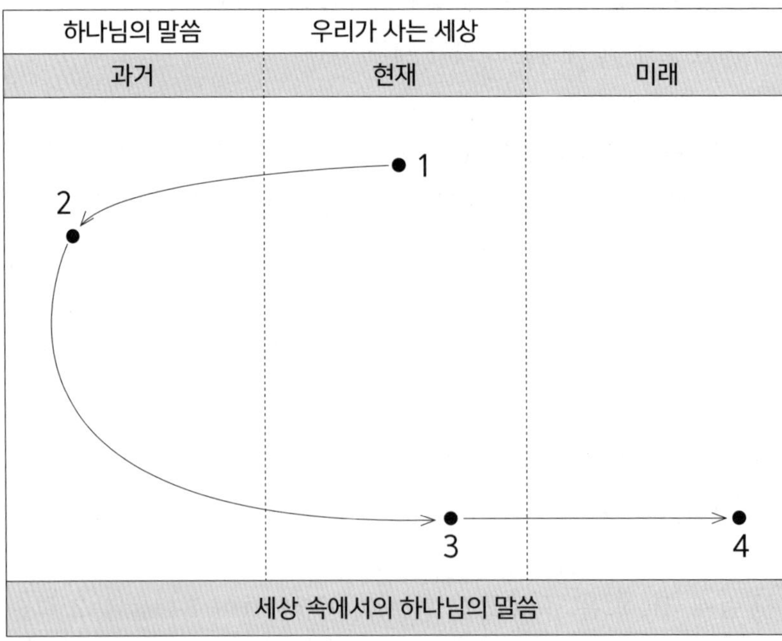

1. 주의 끌기(Hook):일반적 주제
2. 주제 연구(Book):적절한 성경 말씀
3. 적용점 살피기(Look):가능한 전략들
4. 실천사항 찾기(Took):개인적인 실천사항들

2. 교재의 활용법

이 교재의 교육 시간은 한 과에 약 90분을 기준으로 하였습니다. 한 번에 90분씩 시간을 내기 힘든 교회에서는 40~50분씩 나누어 2번(7과 14주)에 나누어 사용해도 좋습니다. 시간 분배는 아래 <교재 활용> 표를 참고하여 각 교회의 상황과 형편에 따라 융통성 있게 진행할 수도 있습니다.

<교재 활용>

	내용 소요 시간
Hook 주의 끌기	인사 및 과제 점검, 나눔(10분)
Book 주제 연구	성경을 함께 읽고 공부(25분)
Look 적용점 살피기	성경의 내용을 바탕으로 적용점을 찾아내고 충분히 나눔(25분)
Took 실천사항 찾기	배운 것 중 삶 가운데 실천할 내용을 찾고 기도문을 작성한 뒤 함께 기도회 시간을 갖는다(30분)

1. 왜 그랬을까?

(교사의 본질)

Hook 주의 끌기

'기억의 집'이라고도 불리는 예루살렘의 야드 바쉠 박물관은 유대인 학살 기념관입니다. 그 기념관 밖 동산에는 의미 있는 동상 하나가 있습니다. 어린 학생들을 끌어안고 있는 선생님의 동상입니다.

독일 나치가 폴란드에 사는 유대인들을 학살하기 위해 한 유대인 학교를 급습해 학생들을 트럭에 태우기 시작했습니다. 그러자 그 학교 선생님 가운데 한 분이 떨고 있는 학생들을 양팔로 감싼 채 같이 트럭에 올랐습니다. 그리고 아이들과 함께 수용소로 끌려가 가스실에서 아이들을 꼭 끌어안고 함께 죽어갔습니다. 사실 그는 폴란드인이었습니다. 따라서 독일인의 표적이 아니었습니다. 그럼에도 그는 선생님으로서 자신의 제자들을 지키려 했던 것입니다.

위의 선생님이 왜 그와 같은 행동을 했다고 생각하십니까?
함께 그 이유에 대하여 생각해 보고 나누어보세요!

주제 연구 가이드

'Hook(주의 끌기)'을 진행할 때 혼자서만 많은 이야기를 하지 않도록 시간 분배에 신경을 써야 합니다. 또한 침묵으로 일관하는 교사에게 가벼운 질문을 던지는 것도 필요합니다.

문제 설명

자신은 죽지 않아도 되지만 죽음의 자리까지 함께 간 이유는 교사로서 책임을 다하기 위해서였습니다. 그는 그 아이들의 선생님이었기 때문입니다. 내가 만약 이 선생님이었다면 어떻게 했을까요? 이와 같이 행동하기 위해서는, '내가 왜 교사가 되었으며(소명), 무엇을 위하여 세움 받았는지(사명)' 알아야 합니다.

Book 주제연구

주제 연구 가이드

주일학교 성장은 교사에게 달려 있다고 해도 과언이 아닙니다. 주일학교를 성장시키려면 먼저 교사의 사명감을 일깨워야 합니다. 주일학교의 가장 핵심적인 사역자는 교사입니다. 그러므로 교사는 먼저 자신이 누구이며, 무엇을 위하여 세움을 받았는지 교사의 소명과 사명에 대하여 깨달아야 합니다.

[읽을 말씀]

에베소서 4:11~12

11그가 어떤 사람은 사도로, 어떤 사람은 선지자로, 어떤 사람은 복음 전하는 자로,
어떤 사람은 목사와 교사로 삼으셨으니 12이는 성도를 온전하게 하여 봉사의 일을
하게 하며 그리스도의 몸을 세우려 하심이라

요한복음 21:14~17

14이것은 예수께서 죽은 자 가운데서 살아나신 후에 세 번째로 제자들에게 나타나
신 것이라 15그들이 조반 먹은 후에 예수께서 시몬 베드로에게 이르시되 요한의 아
들 시몬아 네가 이 사람들보다 나를 더 사랑하느냐 하시니 이르되 주님 그러하나이
다 내가 주님을 사랑하는 줄 주님께서 아시나이다 이르시되 내 어린양을 먹이라 하
시고 16또 두 번째 이르시되 요한의 아들 시몬아 네가 나를 사랑하느냐 하시니 이르

되 주님 그러하나이다 내가 주님을 사랑하는 줄 주님께서 아시나이다 이르시되 내 양을 치라 하시고 17세 번째 이르시되 요한의 아들 시몬아 네가 나를 사랑하느냐 하시니 주께서 세 번째 네가 나를 사랑하느냐 하시므로 베드로가 근심하여 이르되 주님 모든 것을 아시오매 내가 주님을 사랑하는 줄을 주님께서 아시나이다 예수께서 이르시되 내 양을 먹이라

1. 본문에 근거하여 볼 때, 교사는 누가 세우셨습니까?(엡 4:11~12)
   정답 : 그가 - 하나님

문제 설명

11절 서두에 '그가'라는 표현이 나옵니다. 여기서 '그'는 6절에서 소개되는 만유의 주시며 만유 위에 계시고 만유를 통일하시고 만유 가운데 계신 하나님 아버지입니다. 즉, 나를 교사로 세우신 분은 목사님이나 전도사님이 아니라, 바로 하나님이십니다. 나는 하나님으로부터 임명받은 위대한 교사입니다. 그러므로 자부심을 가져야 합니다.

2. 에베소서 4:11~12을 통하여 바울은 에베소 교회에게 하나님이 여러 직분(사도, 선지자, 목사, 교사)을 주신 이유가 있다고 말합니다. 그 이유는 무엇입니까?
   정답 : 그리스도의 몸을 세우게 하려 함

문제 설명

그리스도의 몸을 세우게 한다는 의미는 교회를 세운다는 것을 의미합니다. 교회를 세운다는 것은 하나님의 선하신 뜻 가운데, 성령님의 인도하심에 따라, 그리스도와 함께 지어져 가는 것입니다. 그리고 교회는 건물이 아닌 그리스도를 구주로 영접한 공동체를 의미합니다.

사도

보낸 사람의 임무를 수행하기 위해 위임받은 사신을 말합니다. 신약에서는 그리스도의 뜻을 선포하고 전파하도록 특별한 방식으로 위임받은 그리스도의 대리인들에게 사용됩니다.

선지자

하나님의 대변인으로서 선지자의 역할은 하나님의 뜻을 하나님의 백성에게 선포하는 것입니다. 주로 이스라엘의 죄를 지적하고 회개를 촉구했습니다.

복음 전하는 자 예수 그리스도의 복음을 선포하는 사람

목사

구약에서 감독관에게 사용되었던 말(렘 23:24)로, 신약에서는 지역 회중의 감독과 동일한 존재, 또는 '장로'로 표현되었습니다. 하나님의 메시지를 선포함으로써 하나님의 백성을 목양하도록 부르심을 받은 사람입니다.

교사 성경과 예수님에 대한 전승을 해설하는 사람

이들 모두 성도를 온전하게 하기 위해 세워졌으며, 동격으로 사용되었습니다.

3. 요한복음 21:14~17의 내용은 예수님께서 부활하신 후 승천하시기에 앞서 제자 베드로를 만나신 이야기입니다. 예수님께서 시몬(베드로)에게 세 번이나 하신 질문은 무엇이며, 그에 대한 베드로의 대답은 무엇이었습니까?

1) 예수님의 질문

정답 : 네가 나를 사랑하느냐?

2) 베드로의 대답

정답 : 주님께서 아십니다.

4. 베드로의 대답을 들으신 후 예수님께서 명하신 일은 무엇입니까?

정답 : 내 양을 먹이라

문제 설명

예수님을 절대 부인하지 않겠다고 했지만 부인하는 것을 넘어 저주까지 했던 베드로에게 예수님은 다가와 물으십니다. 그 질문은 단순했지만 예수님과 베드로 사이에 깨어진 관계를 회복하는 데 충분했습니다. 예수님은 베드로의 대답을 들으신 후 그에게 사역을 맡기셨습니다. 그 사역은 예수님의 양을 돌보는 것이었습니다. 즉, 교회학교 교사는 주님의 양을 먹이고 돌보아야 하기 때문에 먼저 그 주인이신 예수님을 사랑하는 사람이어야 합니다. 나는 예수님을 얼마나 사랑하고 있는지 생각해 봐야 합니다.

5. 예수님께서는 오늘 이 시간에도 여러분에게 "내 양을 먹이라, 치라"고 말씀하십니다. 여러분은 이 명령을 어떻게 적용하겠습니까? 구체적으로 적어보고 서로 나누어봅시다.

Look 적용점 살피기

주제 연구 가이드

성경을 통해 배운 내용을 나의 삶 가운데 확장시켜 적용점을 깨닫고 끌어내기 위한 시간입니다. 그러므로 다른 사람과 많은 것을 나누는 시간을 좀 더 풍성하게 갖도록 하는 것이 좋습니다. 이때, 지도자는 질문을 한 후 학습자가 이야기할 수 있도록 충분한 시간을 주어야 합니다. 모두 인내하며 기다려 주어야 합니다. 서로를 판단하는 시간이기보다는 서로를 이해하고, 서로를 통해 배우고 나누는 시간이 될 때, 풍성한 은혜의 시간이 될 것입니다.

1. 나는 어떻게 교사가 되었다고 생각합니까?

2. 내가 주님을 얼마나 사랑하는지 그림이나 글, 또는 찬양 등을 통해 표현해 봅시다.

문제 설명

자신의 믿음을 표현하는 것은 매우 중요합니다. 참고로 자신과 예수님의 관계, 사랑을 그림으로 그리고 서로 나누게 하면 재미있고 참신한 나눔이 될 수 있습니다. 한 예로 자동차 그림에 핸들을 크게 그려 넣은 그림을 그린 사람이 있습니다. 이 사람은 “자동차는 나이고 핸들은 주님이십니다. 주님이 움직이는 대로 나는 움직입니다.”라고 표현했습니다. 또는 꽃을 그리고 그 옆에 벌을 그려 넣었습니다. 그리고 “주님은 꽃입니다. 나는 주님의 꽃에서 나는 꽃향기와 꽃가루를 퍼뜨리는 주님의 종입니다.”라고 고백하기도 했습니다. 한번 활용해 보세요.

3. “내 양을 먹이라”는 예수님의 말씀으로 볼 때, 주님과 교사, 그리고 학생 간의 올바른 관계는 어떠해야 합니까?(히 13:20~21 참고)

Took 실천사항 찾기

한 주간 실제로 실천할 수 있는 구체적인 내용 3가지를 적어보고 그 결과를 점검해 봅시다.

	실천할 내용 (구체적으로 기록하세요)	점검 (10기준)	느낌 및 다짐
1			
2			
3			

주제 연구 가이드

자발적으로 실천 가능한 적용점을 스스로 적게 하고 이것을 다음 모임 때 체크하면 학습의 효과를 극대화하는 데 도움이 됩니다. 또한 한 주간 점검한 내용을 기준으로 느낌 및 다짐을 기록하게 함으로써 학습이 지속적으로 유지되게 도울 수 있습니다.

기도하겠습니다.
오늘 나눔을 통하여 깨달은 점을 생각하며 기도문을 작성해 보세요.

기도의 내용을 적는 것은 기도가 어느 한 쪽으로 치우지지 않게 도와줍니다. 그리고 기도의 흔적은 시간이 지난 후 하나님이 그 기도에 어떻게 응답하셨는지, 하나님의 은혜에 반응할 수 있는 좋은 자료가 됩니다. 그러므로 지도자가 기도 노트를 잘 체크하고 그에 따른 적절한 조언을 해 준다면 모두가 성장하는 데 큰 도움이 될 것입니다.

교사를 위한 잠언

주일학교 교사는 벌거벗은 산에 묘목을 심는 산 아저씨와 같다. 그들이 이름도 없이 빛도 없이 어린 영혼을 섬기는 이유는 두 가지이다. 하나는 하나님의 남다른 사랑을 받았기 때문이고, 다른 하나는 남이 모르는 꿈이 있기 때문이다.

마무리 예화

비전의 사람

인디언 아파치족 추장이 믿음직한 세 사람을 뽑아 후계자를 위한 시험을 했습니다. 추장은 세 사람에게 산에서 물건을 가져오라고 지시했습니다. 한 사람은 돌멩이를, 한 사람은 희귀한 풀을, 한 사람은 빈손으로 왔습니다. 추장이 마지막 사람에게 물었습니다.

"너는 왜 빈손으로 왔느냐?"

그러자 그가 대답했습니다.

"제가 산에서 바라보니 동네가 보이고, 옥토가 보이고, 강이 보였습니다. 그곳을 점령해야 하는데 너무 넓어 가져올 수가 없어서 그냥 내려왔습니다. 이제 그곳을 점령하려 합니다."

이상이 있는 사람, 꿈(dream)이 있는 사람, 해야 할 일이 있는 사람이 되시기 바랍니다. 그 사람이 바로 비전(vision)의 사람입니다.

교육 자료 1

이 부분은 필요할 때 특강 강의안으로 사용 가능합니다.
'Book' 또는 'Look' 전·후 부분을 나눌 때 참고하면 좋습니다.

주일학교 교사의 정체성

1. 교사는 영향력 있는 지도자입니다.

자신에게 가장 큰 영향을 끼친 사람을 들라고 하면 일반적으로 선생님을 떠올리는 사람들이 많습니다. 부정적이든 긍정적이든 교사는 학생들에게 지대한 영향을 미치고 있습니다. 특별히 영적인 문제를 다루는 주일학교 교사들의 영향력은 더 클 수밖에 없습니다. 교사는 자신의 말과 행동과 신앙과 습관까지도 영향력이 있다는 것을 늘 기억해야 합니다. 교사는 지도자요, 지도자는 영향을 미치는 사람입니다.

2. 교사는 제자를 삼는 사람입니다.

교사는 '모든 족속으로 제자를 삼으라(마 28:17~19)'는 예수님의 지상명령에 순종하는 사람입니다. 구원받은 사람들을 양육하여 예수 그리스도의 제자로 세워 영적 재생산의 주인공으로 만드는 것이 교사의 사명입니다.

3. 교사는 양 떼를 책임지는 사람입니다.

예수님은 베드로에게 '내 양을 먹이라, 내 양을 치라'고 주님의 양 떼를 위임하셨습니다. 양을 먹이고 돌본다는 것은 양에게 양식(말씀)

을 공급할 뿐 아니라, 안전하게 보호하는 것도 의미합니다. 선한 목자(요 10:11)는 자신에게 맡겨진 양들을 위해 자신의 목숨을 버릴 수 있을 정도로 사명감과 책임의식이 있어야 합니다.
어떤 학자들은, '목자'라는 단어는 오직 주님에게만 합당한 단어이고 우리는 다 같은 양이라고 말합니다. 그래서 목자가 아니라 단지 앞서가는 양일뿐이라고 주장합니다. 이와 같은 논의 때문에 의도적으로 '목자'라는 용어를 피하고 '양 떼를 책임지는 사람'이라고 표현했습니다.

4. 교사는 섬기는 자입니다.

그리스도인의 리더십은 섬김을 통해 발휘됩니다(눅 22:27). '섬긴다'는 것은 그 사람의 필요를 채우는 것을 말합니다. 그러므로 교사는 학생들의 영적인 필요, 정서적인 필요, 더 나아가 생활의 필요에도 관심을 가질 수 있어야 합니다.

5. 교사는 영원한 학생입니다.

효과적으로 가르치기 위해서는 계속해서 배워야 합니다. 교육의 수준은 교사의 수준을 능가할 수 없습니다. 그러므로 교사는 계속해서 성장해야 합니다. 하나님의 말씀은 물론, 학생들의 문화와 생활 양식에 대해서도 계속해서 공부하고 연구하려는 자세가 필요합니다.

2. 흐르는 물과 고인 물!

(교사의 자기 계발)

Hook 주의 끌기

미국 달라스 신학교의 교수이자 세계적인 교육학자인 하워드 헨드릭스(Howard Hendricks)는 강의할 때 자신에게 큰 영향을 준 노(老) 교수님 이야기를 하곤 했습니다.

헨드릭스 박사는 그 교수님 집 앞을 지날 때가 많았는데 교수님 방의 등불이 꺼진 적이 없었으며, 밤이나 낮이나 책에 몰두하는 모습이 불빛에 비쳤다고 합니다. 하루는 헨드릭스가 그분에게 물었습니다. “교수님, 어떻게 그처럼 항상 공부를 하실 수 있습니까? 잠시도 멈추시는 것을 보지 못했습니다.”

그 교수님은 이렇게 대답하였습니다.

“나는 내 학생들에게 고인 웅덩이 물이 아니라 흐르는 시냇물, 솟아나는 샘물을 마시게 해주고 싶다네.”

여러분은 여러분의 양 무리가 어떤 물을 마시길 원합니까?

나는 고인 물입니까 아니면 흐르는 시냇물입니까?

주제 연구 가이드

나눔의 시간은 모두가 함께하는 시간입니다. 그러므로 한 사람이 주도하지 않도록 주의해야 합니다. 또한 정답 맞히기 식의 나눔은 피해야 합니다. 나눔은 주관적인 것이지 객관적인 것이 아닙니다. 서로의 생각과 말을 존중하는 훈련의 시간을 많이 가져야 합니다.

문제 설명

운전면허증도 시간이 지나면 갱신을 위해 필요한 검사를 받습니다. 발부된 면허증에 대한 점검입니다. 또한 일반 학교 교사는 중간에 많은 연수를 받습니다. 이는 급격히 변화하는 세상에 대응하여 맡겨진 아이들을 최선을 다하여 교육하기 위함입니다. 세상 자격증도 이와 같을진대, 영혼을 책임지는 교사는 더 말할 것도 없습니다. 참된 진리와 영생을 맡은 자로서 교사는 그 막중한 책임을 가지고 자신을 계발하는 데 최선을 다해야 합니다.

다음 질문을 통해 간단히 자신을 점검해 볼 수 있습니다.

1) 나는 공과 공부를 위해 한 주 동안 몇 시간을 사용하는가?

2) 나는 공과를 어느 정도 준비하는가?

3) 나는 학생들에게 가르친 내용을 생활에서 얼마나 실천하는가?

Book 주제연구

[읽을 말씀]

베드로전서 5:2~4

2너희 중에 있는 하나님의 양 무리를 치되 억지로 하지 말고 하나님의 뜻을 따라 자
원함으로 하며 더러운 이득을 위하여 하지 말고 기꺼이 하며 3맡은 자들에게 주장
하는 자세를 하지 말고 양 무리의 본이 되라 4그리하면 목자장이 나타나실 때에 시
들지 아니하는 영광의 관을 얻으리라

1. "너희 중에 있는 하나님의 양 무리를 치되"(2절)는 무슨 의미라고 생각합니까?
   정답 : 하나님께서 나를 교사로 세우시고 어린이들을 가르치게 하셨다.

2. 성경은 우리에게 맡겨진 양들(학생)이 실제로는 누구의 양이라고 말하고 있습니까?(2절 상반절)
   정답: 하나님의 양

문제 설명

하나님께서는 나를 교사로 세우셔서 어린이들을 가르치고 돌보게 하셨습니다. 나에게 맡겨진 어린이는 나의 마음대로 할 수 있는 대상이 아니라 하나님의 양이기 때문에 하나님의 뜻대로 하나님의 말씀을 올바로 가르쳐야 합니다.

주제 연구 가이드

하나님의 것을 맡은 청지기로서 나의 자세는 어떠해야 합니까? 연관해서 생각해 보면 좋을 것입니다.

3. 목자가 양을 돌봄에 있어 버려야 할 자세(2가지)와 취해야 할 자세(2가지)는 각각 무엇입니까?(2절 하반절)

1) 버려야 할 자세

① 억지로 함　　② 더러운 이득

문제 설명

'억지로 함'과 '더러운 이득'이란 주인이신 하나님의 뜻이 아닌 자신의 뜻대로, 하나님의 마음이 아니라 자신의 마음대로 하는 것을 말합니다. 하나님의 것으로 자신의 이익과 자신의 영광을 위해 사용하는 모든 것을 의미합니다.
혹시 나는 다른 이들에게 칭찬을 듣기 위해 교사의 직분을 감당하고 있지는 않은지 생각해 봐야 할 것입니다. 하나님께 예배하는 행위도 그 목적이 하나님의 영광이 아닌 다른 목적이 먼저 앞선다면, 예배의 행위는 선이 아닌 억지로 하는 것이 됩니다.

2) 취해야 할 자세

① 자원함　② 즐거움

문제 설명

주님은 교사의 직분을 '자원함'과 '즐거움'으로 하라고 명하셨습니다. 예를 들어 주일이 다가오면 잠이 안 오고 마음이 무거워진다면, 이는 하나님이 원하시는 마음이 아닌 것입니다. 기쁨과 감사함으로 주일이 빨리 오기를 기다려야 합니다. 그러기 위해서는 어떻게 해야 할까요?
첫 번째, 하나님과의 관계를 바로 해야 합니다. 교사 직분의 중요한 근거는 주님과의 관계이기 때문입니다(예수님과 베드로). 주일이 부담으로 다가온다는 것은 나와 주님과의 관계에 이상이 생겼다는 표시로 받아들여도 될 것입니다.
두 번째, 양의 참된 주인이신 주님에 대해 알아야 합니다. 주님에 대해 안다는 것은 주인이 양을 통하여 무엇을 어떻게 할지 관심을 가져야 한다는 의미입니다. 세 번째, 죄악 가운데 있던 나를 사랑하여 주시고 은혜 가운데 구원하신 하나님의 은혜를 기억해야 합니다. 말을 듣지 않는 어린이를 생각할 때나 짜증이 날 때, 나를 위해 십자가를 지고 가신 주님의 고통과 인내와 한없는 사랑을 생각한다면, 자원하여 헌신하려는 마음과 즐거움이 생길 수밖에 없습니다.

4. 성경은 교회학교 교사가 힘써야 할 가장 훌륭한 양육법이 무엇이라고 소개하고 있습니까?(3절)
   정답 : 본이 되는 것

문제 설명

교육 과정 중 '잠재적 교육 과정'이라는 것이 있습니다. 이는 계획된 교수 학습에 의해 배우는 것이 아니라 무의식, 또는 공동체의 분위기를 통해 자연스럽게 학습하게 되는 모든 것을 의미합니다. 예를 들어, 그 학교만의 학풍이나 그 교회만의 신앙 분위기, 또는 그 가정만의 분위기 등을 말합니다. 흔히 거짓말을 잘하는 부모 밑에 있는 자녀는 누가 거짓말을 가르쳐 주지 않아도 자연스럽게 거짓말을 배우고 합니다. 그러므로 아무리 교사가 계획된 교수 학습에 의해 예배의 소중함을 가르친다 할지라도 교사가 예배 시간을 지키지 않는다면, 학습자는 예배의 소중함을 배울 수 없습니다.

5. 어린이들에게 올바른 신앙의 본이 되는 삶을 살 때, 그 결과 자신에게는 어떠한 상급이 주어집니까?(4절)
   정답 : 목자장이 나타나실 때 시들지 아니하는 영광의 관을 주심

문제 설명

지금은 장난감, 먹는 것, 노는 것이 제일 좋다고 하는 철없는 아이들이지만 하나님 앞에서는 이들이 우리의 면류관이요, 증인이 될 것입니다. 하나님 앞에서 '착하고 충성된 종이라고 칭찬받는 그날'을 그리며 끝까지 최선을 다하는 교사가 됩시다.

주제 연구 가이드

이 시간에는 교사들에게 위로와 소망의 말을 많이 해 주는 것이 좋습니다. 또는 이와 관련된 찬양을 부르며 서로를 축복해 주는 것도 의미가 있습니다. 너무 정형화된 틀에 매이지 말고 필요에 따라 자유롭게 진행하는 것도 좋습니다.

Look 적용점 살피기

1. 교사로 봉사할 때 나를 가장 힘들게 하는 것은 무엇입니까?
   교회학교가 직면해야할 어려움은 무엇이고 어떻게 함께 풀어갈 수 있을지 이야기를 나누어 보세요.

주제 연구 가이드

(서울에서 사역하고 있는 주일학교 교사 200명에게 설문조사한 자료로, 「교육교회」 별책부록 '교사 클릭' 창간호에 실렸던 내용을 참고한 것입니다.)

가. 나는 이럴 때 감격한다 BEST 5

① 학생들의 신앙이 성장했음을 느낄 때
② 학생들이 교사에게 진하게 애정 표현할 때
③ 변화된 학생의 모습을 발견할 때
④ 학생들을 위한 기도가 응답될 때
⑤ 순수한 학생들의 모습을 발견할 때

나. 나는 이럴 때 맥빠진다 BEST 5

① 나 스스로 교사로서의 부족함을 느낄 때
② 맥빠질 때 없다.
③ 몸이 열 개라도 부족할 정도로 시간이 없을 때
④ 신앙의 어려움을 겪을 때
⑤ 교회학교 환경이 바뀌지 않을 때

다. 이런 교사는 꼴불견 BEST 5

① 교사인지 아닌지 자질이 부족한 교사
② 빈둥빈둥 아무 준비도 없는 불성실한 교사
③ 드문드문 빠진 이 마냥 주일성수 잘 안 하는 교사
④ 쫑알쫑알 사사건건 말 많은 교사
⑤ 학생이 오든지 말든지 무관심한 교사

2. 제일 좋은 가르침은 본을 보이는 것입니다. 나의 가르침과 삶은 얼마나 일치하고 있습니까?

문제 설명

가르침의 본을 보이기 위한 몇 가지 실제적인 적용의 예를 살펴봅시다.

언제나 지각대장

예배뿐 아니라 모든 약속 시간을 지키려고 노력하고, 예배 시작 전 예배를 준비하는 모습과 함께 20~30분 전 심방 전화를 하십시오. 아이들은 교사를 보고 배웁니다.

예배 시간에 떠드는 모습

내가 먼저 예배의 방청객이 아니라 적극적인 참여자의 모습으로 모든 예배의 순서에 집중하며 참여합니다. 또한 내가 먼저 교사들이나 어린이에게 잡담을 하지 않습니다.

친구를 때리고 왕따시킬 때

내가 먼저 올바른 사랑의 표현을 어린이들에게 많이 해 주세요. 그리고 잘못된 부분이 무엇인지 분명하게 이야기해 주세요. 모두가 얼마나 소중한 존재인지 인식시켜주고 사랑의 스킨쉽을 많이 해 줍니.

성경이 지루하다고 느낄 때

어린이와 함께 성경의 내용을 근거로 만들어진 재미있는 성경 동화나 애니메이션 등을 함께 공유함으로 친근감을 주고, 성경 필사나 성경암송, 성경 퀴즈, 다양한 게임 형식의 프로그램들을 활용합니다. 이때 어느 누구보다 모든 활동에 적극적으로 참여하는 모습을 보여줍니다.

3. 나는 좋은 교사(항상 시원하고 깨끗하게 흐르는 물)가 되기 위해 어떤 것들을 계발해야 한다고 생각합니까?

문제 설명

교사의 자기 계발에서 가장 중요한 것은 영적인 것입니다. 베드로전서 2:2에서는 "갓난아이와 같이 신령한 젖을 사모하라"고 말씀하십니다. 우리는 늘 말씀 안에서 그리스도와 함께 장성한 분량까지 성장해야 합니다.

이는 지속적인 성장을 의미합니다. 이와 같은 영적 성장은 교회학교 교사에게서 가장 중요한 부분입니다. 그리고서 가르침을 위한 기술적인 부분을 채워야 합니다. 교사는 학습자에 대한 이해를 바탕으로 좀 더 효과적으로 가르치기 위한 다양한 기술의 습득을 위해 끊임 없이 노력해야 합니다.

예를 들면, 영적 계발은 집을 지을 때 기본 뼈대가 되는 구조와 같습니다. 가르침을 위한 기술은 기본 뼈대를 더 멋지고 효과적으로 보이게 하는 인테리어와 같습니다. 이 두 가지가 잘 조화될 때, 가르침은 극대화될 수 있습니다.

Took 실천사항 찾기

한 주간 실제로 실천할 수 있는 구체적인 내용 3가지를 적어보고 그 결과를 점검해 봅시다.

	실천할 내용 (구체적으로 기록하세요)	점검 (10기준)	느낌 및 다짐
1			
2			
3			

기도하겠습니다.
오늘 나눔을 통하여 깨달은 점을 생각하며 기도문을 작성해 보세요.

교사를 위한 잠언

맡겨주신 양을 위해 아무도 못 말리는 사랑이게 하소서.
지칠 줄 모르는 부지런이게 하소서. - 홍정근 목사의 시 중에서

마무리 예화

훈련

하나님께서는 이스라엘 백성을 독수리와 같이 훈련시키신다고 말씀하셨습니다. 독수리는 높은 벼랑에 집을 짓고 알을 낳습니다. 새끼가 날아다니려고 할 때쯤 되면 어미는 둥지를 다 흩어버립니다.
그리고 새끼 독수리가 낭떠러지 밑으로 푸드득거리며 날려고 할 때, 어미는 보고 있다가 새끼가 벼랑으로 떨어지기 직전에 쏜살같이 내려가 새끼를 어깨 위에 얹고서 다시 벼랑 위로 올라갑니다. 그러고는 또다시 새끼를 내던져서 날게 하고, 떨어지려 하면 어깨에 얹고 올라옵니다.
이렇게 반복해서 시련을 당하게 하고 난관을 극복하게 함으로써 이 작은 독수리를 새들의 왕이 되게 하는 것입니다.
이처럼 독수리가 독수리다워지는 것은 결코 우연히 되는 것이 아닙니다. 우리도 인생에서 승리하기를 원한다면 부단한 훈련을 해야 할 것입니다.

교육 자료 2

이 부분은 필요할 때 특강 강의안으로 사용 가능합니다.

'Book' 또는 'Look' 전·후 부분을 나눌 때 참고하면 좋습니다.

교사의 자기 계발

1. 나도 최고의 교사가 될 수 있습니다.

막상 교사가 되어 학생 앞에 서게 되면 자신이 '교사가 될 자격이 없는 것은 아닌가?'하는 생각이 들 때도 있습니다. 그러나 그것은 불필요한 걱정에 불과합니다. 왜냐하면 좋은 교사는 태어나는 것이 아니라 훈련으로 되는 것이기 때문입니다.

기본적으로 교사는 영적인 교사이어야 합니다. 교사는 로봇과 다릅니다. 지성과 감성과 의지를 사용하여 주어진 상황에 따라 학생들을 적절하게 가르치는 임무를 지니고 있습니다.

교육을 할 때 지·정·의가 요구되는 이유는 사람으로 자유하게 하는 구체적인 기술을 체득하게 하기 위한 것입니다. 먼저 영성을 계발하기 위하여 기도, 말씀, 경건을 생각해 보고, 이것을 바탕으로 상담과 언어에 대해 고려해 봅시다.

또한 교사는 자기 계발이 있어야 합니다. 7가지 자기 계발을 통해 자신의 교사 됨을 점검해 봅시다.

영성의 개념

영성이란 하나님을 닮아가고 그를 영화롭게 하며 기쁘게 하려는 성품으로 이해할 수 있습니다. 하나님을 영화롭게 하는 삶은 하나님을 기쁘게 하는 삶이고, 하나님의 뜻에 순종하는 삶이며, 하나님의 뜻대로 행하는 삶입니다. 그러므로 영성은 사람으로 하여금 영적인 것과 육적인 것을 분별할 수 있게 합니다(고전 2:13).

1. 영성의 계발

① 말씀

영성을 교육하기 위해서는 하나님의 말씀이 있어야 합니다. 왜냐하면 하나님의 말씀은 '교육과 책망과 바르게 함과 의로 교육'하여 사람을 '온전하게'한다고 말하기 때문입니다(딤후 3:16~17). 온전하게 될 때에 하나님과 바른 교제를 맺을 수 있고, 그리스도의 마음을 가질 수 있습니다.

또한 하나님의 말씀은 살았고 운동력이 있어 좌우에 날선 어떤 검보다도 예리하여 혼과 영과 관절과 골수를 찔러 쪼개기까지 하며 마음의 생각과 뜻을 감찰하기 때문입니다(히 4:12). 곧 하나님의 말씀은 우리의 영을 새롭게 하고 우리의 생각을 지도해 줍니다.

② 기도

기도는 하나님과 사람 사이의 대화입니다. 하나님과의 기도는 단순히 지식에 그치거나 입술만의 기도가 아닙니다. 우리가 기도할 때 우리의 영도, 마음도 함께하여야 합니다(고전 14:15). 즉, 기도를 통하여 우리의 영혼은 새로워지고 강건하게 됩니다.

③ 경건

칼빈은 '경건은 존경과 하나님에 대한 사랑의 연합'이라고 이야기합니다. 일반적으로 경건으로 간주되는 봉사, 절제, 순종 등은 경건의 외적인 표현이지 경건 그 자체는 아닙니다. 그러나 경건생활은 항상 이러한 외적인 열매들을 맺습니다. 우리는 여기서 하나님에 대해 알게 되고 하나님에 대한 사랑의 연합을 이룰 수 있습니다.

2. 상담(학습자와 학부모)의 계발

사랑은 관심입니다. 목자의 사명은 양들을 관심 있게 살피는 일입니다. 상담은 기술의 문제가 아니라 사랑과 진실의 문제입니다. 교사는 학생들을 알아가는 과정 속에서 기쁨과 위로를 얻고 인생의 보람을 느낄 수 있어야 합니다.

3. 언어의 계발

가르침에서 언어의 중요성을 부인할 사람은 아무도 없습니다. 또한 언어는 사람을 죽이기도 하고 살리기도 합니다. 사람에게 힘을 주기도 하고 무기력하게 만들기도 합니다. 이와 같이 언어의 영향력은 대단합니다. 그리고 가르침의 중요한 도구가 바로 언어입니다. 특수한 경우를 제외하고는 언어를 사용하여 가르침을 전달하기 때문입니다. 그러므로 언어에 대한 기술을 배우는 것은 매우 중요합니다.

4. 교사(Teacher)의 7가지 중점 계발 사항

① 팀웍(Teamwork)을 계발하십시오.

교사는 지도자입니다. 지도자는 모든 팀원들과 팀웍을 이루어야 합니다. 반을 부흥시키고 좋은 분위기로 이끄는 일은 교사 혼자의 몫이 아닙니다. 학생들을 제자로서, 동시에 하늘나라를 건설하기 위한 팀원으로 볼 수 있는 안목이 있어야 합니다.

② 기대 지수(Expectation)를 높이십시오.

누군가를 대하면서 기대와 희망을 갖는다는 것은 아름다운 일입니다. 그러므로 지금 여러분이 맡고 있는 학생들을 향한 기대 지수를 높이십시오.

③ 애정(Affection)과 사랑을 표현하십시오.

오늘날 학생들이 애정과 사랑을 느낄 수 있는 시간과 장소가 의외로 부족합니다. 그러므로 여러분이 그리스도의 사랑으로 그들의 기댈 곳이 되어 주어야 합니다.

④ 의사소통(Communication)을 원활히 하십시오.

이른바 'N세대'가 등장하면서 세대 간 의사소통에 어려움을 겪고 있습니다. 그럴 때일수록 그들의 언어를 이해하려는 자세가 필요합니다.

⑤ 겸손(Humility)을 몸에 익히십시오.

겸손은 하나님이 사용하시는 사람임을 나타내는 성품입니다. 지도력의 필수 요소이기도 합니다. 학생들은 겸손한 사람에게 반응을 보이며 따르기 마련입니다.

⑥ 격려(Encouragement)하는 법을 배우십시오.

하나님은 낙관주의자를 쓰십니다. 사람도 격려를 해 주는 사람을 좋아하고 따릅니다. 남을 비판하는 사람을 살펴보면 갈수록 주위에 사람이 줄어드는 현상을 발견하게 됩니다.

⑦ 계속해서 배우는(Reading) 교사가 되십시오.

교사는 영원한 학생입니다. 배우지 않으면 성장할 수 없고 성장하지 않으면 리더십을 발휘할 수 없습니다. 공부와 연구는 교사가 수행해야 할 평생의 의무입니다.

3. 내가 먼저 섬기자!

(섬기는 교사)

Hook 주의 끌기

내가 간호학 수업을 듣기 시작한 지 두 달 남짓 되었을 때, 수업 시간에 퀴즈 시험을 보게 되었다. 나는 세심한 학생이었는데, 시험지를 대강 훑어보고는 웃음을 짓지 않을 수 없었다. 왜냐하면 마지막 문제가 '우리 학교에서 청소하는 그 여자의 이름은 무엇이냐'는 것이었기 때문이다. 이것은 틀림없이 학생들에게 웃음을 주는 것이었다. 나는 청소하는 여자를 여러 번 본 적이 있다. 키가 크고 검은 머리였으며 나이는 50대 정도였던 것 같다. 그러나 내가 그녀의 이름을 어떻게 알 수 있겠는가? 나는 마지막 문제의 답을 쓸 수 없었고, 그 문제는 공란으로 해서 답안지를 제출했다. 수업이 끝나기 전 한 학생이 마지막 문제가 퀴즈 점수에 포함되는지를 물었다.

그러자 교수님은 당연히 그렇다고 대답하며 이렇게 말했다. "여러분은 앞으로 많은 사람들을 만나게 될 것입니다. 모든 사람은 다 중요한 사람입니다. 단지 여러분들이 할 수 있는 것이 미소를 짓고 인사하는 정도일지라도 그들은 모두 여러분의 관심과 돌봄을 받을 가치가 있는 사람들입니다."

나는 이 교훈을 결코 잊을 수가 없다. 후에 나는 우리 학교에서 청소하는 그 여자분의 이름이 도로시라는 것을 알게 되었다.

예수님께서는 '목자는 양의 이름을 각각 불러내어 인도한다'고 말씀하신다(요 10:3). 우리가 다른 사람을 섬긴다고 할 때, 그 사람의 이름을 기억하는 것은 그 사람에 대해 관심이 있음을 증거하는 것이다(Kathy Cooksey).

예화를 읽고 무엇을 느꼈습니까? 자유롭게 이야기를 나누어봅시다.

주제 연구 가이드

'Hook' 부분을 읽을 때, 때로는 목소리 좋은 사람이나 그 이야기의 주제와 관련된 사람이 있다면 그 사람이 학습자들을 대표해서 읽게 하는 것도 좋은 방법 중 하나입니다.

문제 설명

섬김은 큰 것이 아니라 작은 관심에서부터 시작됩니다. 그리고 그 작은 관심은 그 사람의 이름을 부르는 것에서부터 시작됩니다. 과연 나는 교사로 우리 반 어린이들을 섬기고 있는지 생각하고, 그에 따른 실천적 의미를 깨닫고 행동하게 하는 것이 중요합니다.

Book 주제연구

[읽을 말씀]

마태복음 20:20~28

20그때에 세베대의 아들의 어머니가 그 아들들을 데리고 예수께 와서 절하며 무엇
을 구하니 21예수께서 이르시되 무엇을 원하느냐 이르되 나의 이 두 아들을 주의 나
라에서 하나는 주의 우편에, 하나는 주의 좌편에 앉게 명하소서 22예수께서 대답하
여 이르시되 너희는 너희가 구하는 것을 알지 못하는도다 내가 마시려는 잔을 너희
가 마실 수 있느냐 그들이 말하되 할 수 있나이다 23이르시되 너희가 과연 내 잔을
마시려니와 내 좌우편에 앉는 것은 내가 주는 것이 아니라 내 아버지께서 누구를 위
하여 예비하셨든지 그들이 얻을 것이니라 24열 제자가 듣고 그 두 형제에 대하여 분
히 여기거늘 25예수께서 제자들을 불러다가 이르시되 이방인의 집권자들이 그들
을 임의로 주관하고 그 고관들이 그들에게 권세를 부리는 줄을 너희가 알거니와 26
너희 중에는 그렇지 않아야 하나니 너희 중에 누구든지 크고자 하는 자는 너희를 섬
기는 자가 되고 27너희 중에 누구든지 으뜸이 되고자 하는 자는 너희의 종이 되어야

하리라 28인자가 온 것은 섬김을 받으려 함이 아니라 도리어 섬기려 하고 자기 목숨을 많은 사람의 대속물로 주려 함이니라

1. 여자가 자신의 아들들(세베대의 아들들)을 위하여 예수님께 간구한 것은 무엇이었습니까?(마 20:21)
   정답 : 주의 나라에서 하나는 우편에, 하나는 좌편에 앉게 해 달라.

문제 설명

여기서 세베대의 아들들은 야고보와 요한을 말합니다. 즉, 여기서 등장하는 여자는 야고보와 요한의 어머니입니다. 당시에는 유대와 헬라 문화 양쪽 다 어떤 요청을 하고자 할 때, 남자가 직접 나서서 간청하기보다는 어머니 같은 여성이 간접적으로 부탁하는 것이 더 효과적인 경우가 많았습니다.

2. 여자가 청한 예수님의 우편과 좌편의 자리와 예수님이 생각하시는 좌우편은 차이가 있습니다. 그 차이는 무엇입니까?(마20:22~23)
   정답 : 여자는 세상에서 군림하는 권력을 잡는 자리를 말했고 예수님은 십자가의 고난과 섬김의 자리로 말씀하고 계신다.

문제 설명

야고보와 요한의 어머니가 말하는 우편과 좌편의 자리와 예수님께서 말씀하시는 좌우편 자리는 확연하게 차이를 보이고 있습니다. 이렇게 차이가 나는 이유는 '주의 나라'에 대한 개념 차이에서 오는 것입니다.

이 말은 당시 예수님을 죄로부터의 구원자로 생각하기보다는 로마의 속국에서 정치적, 경제적 해방을 이루어줄 인간적 왕으로 생각했음을 보여줍니다. 그래서 '오병이어'의 사건에서도 군중들은 예수님을 세상 나라의 왕으로 삼으려고 했던 일이 있었습니다. 즉, 예수님이 유대 민족을 로마로부터 구원해 새로운 나라를 세우면 자신의 아들들을 특별히 기억하여 좋은 자리를 달라는 청탁입니

다. 그러나 예수님께서는 자신의 우편과 좌편은 하나님이 예비하시고 세우시며 (주권적 권한), 그 자리는 예수님의 본을 받는 십자가의 고난의 길이며 섬김의 자리임을 분명하게 말씀하십니다. 이와 같이 나를 교사로 세우신 것은 하나님의 주권적 은혜로 된 것입니다. 그리고 교사의 자리는 예수님을 본받아 십자가의 고난의 길을 가며 섬기는 자리입니다.

3. 이 여자가 예수님께 청한 것을 들은 나머지 열 제자의 반응은 어떠했습니까? 그리고 그러한 반응을 보인 이유는 무엇이라고 생각합니까?(마 20:24)

   ① 반응 : 분히 여김

   ② 이유 : 모두가 그 자리를 탐내고 있었기 때문에(높아지고 싶어서)

문제 설명

다른 열 제자들이 분히 여긴 이유는 자신들도 동일하게 높아지고 싶고, 예수님의 나라에서 좋은 자리에 앉고 싶은 마음이 있었기 때문입니다. 그런데 그 자리를 빼앗기게 되었기 때문에 화가 난 것입니다. 한편으로 "우리 어머니나 아내는 뭐 하나? 미리미리 예수님께 청탁을 넣어야지!"라고 생각했을지도 모릅니다.

주제 연구 가이드

제자들이 분히 여긴 이유가 성경에 분명하게 나와 있지는 않습니다. 그러나 글의 문맥을 통하여 충분히 생각해 볼 수 있습니다. 그러므로 그 '이유'에 대한 해답을 다르게 표현할 수도 있습니다. 문맥에서 벗어나지만 않으면 어떤 표현도 긍정해 주는 것이 좋습니다. 또는 이 부분을 인터뷰하듯이 인도자가 인터뷰 진행자가 되고 학습자가 열 제자가 되어 그 이유를 말하게 하는 것도 흥미를 유발할 수 있습니다.

4. 이 사건에서 예수님의 가르침은 무엇이라고 생각합니까?(마 20:25~28)

정답 : 섬기라.

문제 설명

본문에서 '섬김'이라는 개념은 지도자, 리더와 연관하여 생각해야 합니다. 예수님께서 '섬기는 자가 되라'고 말씀하신 이유는 이들이 모두 높아지려고 했기 때문입니다. 즉, 이들은 모두 하나님 나라에서 권위 있는 지도자, 리더가 되고 싶어 했습니다. 이를 아신 예수님께서 세상적인 지도자와 하나님 나라에서의 지도자는 다르다는 것을 분명하게 말씀하고 계신 것입니다. 그리고 그 차이는 바로 '섬김'인 것입니다. 당시 세상에서 집권자(지도자, 리더)는 다른 사람을 자신의 임의대로 마음껏 권세를 부리며, 자신의 발아래 두어 대접을 받는 자리였습니다(25절).

그러나 하나님의 나라에서 높아지는 자(지도자, 리더)는 반대로 그들을 섬기고 돌보는 사람임을 분명히 하셨습니다. 예수님은 최고의 섬김으로 자신의 목숨을 대속물로 주었다고 말합니다(28절). 참된 섬김은 자기 목숨을 내어주는 것입니다. 그리고 이러한 예수님의 섬김을 본받아 오늘날 우리도 이와 같이 섬기는 자가 되라고 하십니다. 그러므로 오늘날 이 섬김은 바로 우리들의 몫입니다. 어떻게 섬기겠습니까?

Look 적용점 살피기

1. 교사로 봉사하면서 담당 교역자에게 다른 교사들보다 더 인정받고 싶은 마음이나 경험이 있다면 나누어 봅시다.

2. 교사(지도자, 리더, 구역장 모두 포함)는 섬기는 자라고 합니다. 나는 현재 어떤 부분에서 얼마나 섬기고 있습니까? 또는 앞으로 어떤 부분을 더 섬기기 원하는지 이야기해 보세요.

3. 예수님이 오신 목적과 내가 교사로 세워진 목적은 어떤 관계가 있는지 나누어보세요.

문제 설명

예수님이 오신 목적은 우리를 죄에서 구원해 주시기 위해서입니다. 이것을 본문에서는 예수님의 '섬김'이라고 표현합니다. 즉, 내가 교사로 세워진 이유도 예수님의 섬김과 같이 목숨을 내어 놓는 헌신과 결단으로 어린 영혼과 그 어린이가 속한 가정을 구원하는 일로 섬기기 위한 것입니다.

Took 실천사항 찾기

한 주간 실제로 실천할 수 있는 구체적인 내용 3가지를 적어보고 그 결과를 점검해 봅시다.

	실천할 내용 (구체적으로 기록하세요)	점검 (10기준)	느낌 및 다짐
1			
2			
3			

기도하겠습니다.

오늘 나눔을 통하여 깨달은 점을 생각하며 기도문을 작성해 보세요.

교사를 위한 잠언

교육의 비결은 학생들을 존중하는 것이다. - 에머슨

마무리 예화

JOY의 참뜻

우리 삶의 색은 소망의 색깔이 되어야 합니다.
'나는 반드시 승리한다. 잘 된다. 성공한다.'
이런 색채를 '조이-컬러(joy-color)'라고 합니다.
성경은 우리에게 "항상 기뻐하라…범사에 감사하라(살전 5:16)"고 가르칩니다.

기쁨(joy)은
J - Jesus : "예수님을 앞세운 사람"
O - Others : "다른 사람을 위해 일할 수 있는 사람"
Y - You : "당신을 위해 일할 수 있는 사람"을 가리킵니다.

우리는 모든 일에서 예수님이 우선순위여야 합니다. 이런 사람에게 진정한 기쁨이 있습니다.

교육 자료 3

이 부분은 필요할 때 특강 강의안으로 사용 가능합니다.
'Book' 또는 'Look' 전·후 부분을 나눌 때 참고하면 좋습니다.

바울의 지도자론(섬김)

고린도전서 3~4장에서 우리는 바울의 지도자론에 대하여 고찰할 수 있습니다. 당시 고린도교회의 지도자들은 그리스도 안에서 어린 아이와 같고 육신에 속한 자와 같이 시기하고 질투하는 자들이었습니다. 이런 이들에게 바울은 신앙 공동체 안에서 참된 신앙의 지도자는 어떠해야 하는지 보여주고 있습니다.

1. 지도자의 자랑 : 예수 그리스도(고전 3:21~23)

세상의 지도자들은 자신이 어느 대학을 나왔는지, 얼마나 유능한 사람인지 스스로 증명하려 애를 씁니다. 그래서 자신의 이력을 좋게 꾸미는 일에 최선을 다합니다.
그러나 신앙 공동체 안에서의 지도자는 세상적인 환경(돈, 명예, 권력 등)과 이력의 자랑이 아니라, 오직 내 안에 살아서 역사하시고 나를 구원하신 예수 그리스도만을 자랑해야 한다. 어떤 이들은 예수 그리스도의 이름을 부끄러워하고 그리스도인인 것을 숨기거나 부끄러워하며 회사 생활과 학교생활을 합니다.

그러나 오직 예수 그리스도의 이름만이 우리의 능력이자 자랑임을 잊어서는 안 됩니다.

2. 지도자의 자세 : 섬기라(고전 3:22)

당시 고린도교회에서는 지도자들에 따른 당파가 생겨서 아볼라파, 바울파, 게바파 등 서로 나누어 싸우는 일이 있었습니다.
이런 이들을 향하여 바울은 그들은 모두 너희를 섬기는 자이지 그 이상도 이하도 아니라고 말합니다.
즉, 그들은 모두 자신에게 주어진 은사에 따라 심고, 물을 주는 것뿐이지 모든 것을 자라게 하시는 참된 주인은 여호와 하나님임을 분명히 하고 있습니다. 즉, 지도자는 여러 모양으로 성도(어린이)를 그리스도의 장성한 분량까지 성장하도록 돕는 것뿐입니다.

3. 지도자의 정체성 : 하나님, 그리스도의 소유(고전 3:23)

모든 것은 다 하나님의 것임을 깨달아야 합니다. 나에게 맡겨진 성도(어린이)들도 역시 하나님의 것입니다. 단지 나에게 맡겨진 것뿐입니다. 그러므로 지도자는 성도(어린이)를 임의로, 자신의 유익을 위하여 이용해서는 안 됩니다.

4. 지도자의 태도 : 충성(고전 4:1)

① 그리스도의 일꾼

여기서 '일꾼'의 원어적 표현은 '배 밑에서 노를 젓는 상노예'를 의미합니다. 즉, '그리스도의 일꾼'이라는 표현은 내가 그리스도의 명령에만 복종하며 맡은 일에 최선을 다하는 종이라는 뜻입니다.
그 일이 힘이 들든지, 죽는 일이든지 그것은 상관없습니다. 오직 명령에 따라 노를 젓는 것처럼 주의 명령만 따라가는 충성된 자여야 합니다.

② 하나님의 비밀을 맡은 자

교회 지도자는 하나님의 비밀을 맡은 자로 그 비밀을 잘 전달해야 하는 자입니다. 또한 하나님의 비밀을 맡은 자에게 합당한 삶을 충성되게 살아야 합니다.

5. 고린도교회 지도자들과 바울의 비교(고전 4:7~13)

고린도교회 지도자	↔	바울
지혜 있는 자	↔	미련한 자
강한 자	↔	약한 자
존귀한 자	↔	비천한 자

좌측 칸을 얼핏 보면 고린도교회 지도자들은 대단한 것 같고 바울은 별 볼 일 없는 자처럼 보입니다. 그러나 그렇지 않습니다.
고린도교회 지도자들은 세상적인 관점에서 자신들을 내세우고 드러냈지만 바울은 오직 그리스도 안에서 자신을 드러내고 있습니다. 바울과 같은 그리스도 안에서의 자신에 대한 겸손한 인식이 바로 우리의 모습이 되어야 합니다.

결론적으로(고전 4:14~21), 예수님 안에서 자신을 낮추며, 하나님의 성도(어린이)를 섬기는 바울을 본받아 우리도 예수님 안에서 참된 섬김으로 건강하고 든든히 서가는 교회 공동체를 만들어야 합니다.

4. 들으라 이스라엘아!
(신앙교육현장)

Hook 주의 끌기

한 조사 기관에서 성도들을 대상으로 “언제부터 교회에 다니게 되었는가?”라는 설문조사를 실시했습니다. 그 결과는 다음과 같았습니다.

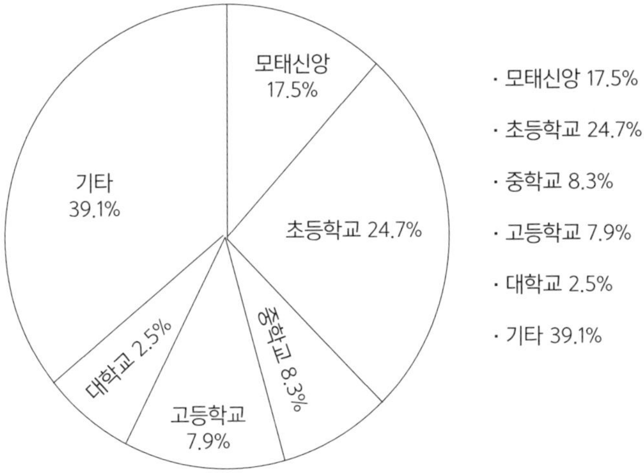

당신은 이 설문의 결과가 무엇을 의미한다고 생각합니까?
서로의 생각을 나누어보세요!

문제 설명

학습자의 주의를 끌기 위한 작업이므로 지도자는 부담감을 주지 않도록 주의해야 합니다. 좀 더 효과적인 나눔을 위해서 학습자 중 적극적이고 이야기 잘하는 사람을 먼저 시키는 것이 좋습니다.

모태신앙에서 초등학교까지 예수를 믿고 교회에 다니게 된 비율이 무려 42.2%입니다. 여기에 중·고등부 시기까지 합치면 58.4%였습니다. 즉, 우리가 일반적으로 이야기하는 교회학교(영아~중·고등부)의 시기에 교회에 다니게 된 성도가 절반이 넘습니다. 그만큼 중요하다는 의미도 됩니다. 지금 내가 서 있는 자리는 그만큼 중요한 자리라고 볼 수 있습니다.

Book 주제연구

[읽을 말씀]

신명기 6:1~9

1이는 곧 너희의 하나님 여호와께서 너희에게 가르치라고 명하신 명령과 규례와 법
도라 너희가 건너가서 차지할 땅에서 행할 것이니 2곧 너와 네 아들과 네 손자들이
평생에 네 하나님 여호와를 경외하며 내가 너희에게 명한 그 모든 규례와 명령을 지
키게 하기 위한 것이며 또 네 날을 장구하게 하기 위한 것이라 3이스라엘아 듣고 삼
가 그것을 행하라 그리하면 네가 복을 받고 네 조상들의 하나님 여호와께서 네게 허
락하심같이 젖과 꿀이 흐르는 땅에서 네가 크게 번성하리라 4이스라엘아 들으라 우
리 하나님 여호와는 오직 유일한 여호와이시니 5너는 마음을 다하고 뜻을 다하고
힘을 다하여 네 하나님 여호와를 사랑하라 6오늘 내가 네게 명하는 이 말씀을 너는
마음에 새기고 7네 자녀에게 부지런히 가르치며 집에 앉았을 때에든지 길을 갈 때
에든지 누워 있을 때에든지 일어날 때에든지 이 말씀을 강론할 것이며 8너는 또 그
것을 네 손목에 매어 기호를 삼으며 네 미간에 붙여 표로 삼고 9또 네 집 문설주와
바깥 문에 기록할지니라

주제 연구 가이드

교회 교육의 중요성에 대해 성경에서 언급하고 있는 내용들을 통해 확인하는 시간입니다. 먼저 성경 본문을 읽고 함께 문제를 풀어 가십시오. 또는 집에서 예습하게 해서 시간을 절약하고 적극적인 참여를 유도할 수도 있습니다.

주제 연구 가이드

하나님은 가나안 땅을 향해 가는 이스라엘 백성들을 광야에서 준비시키십니다. 광야는 애굽에서의 종 된 습성, 우상숭배, 불평, 불만의 모든 체질을 바꾸는 신앙 교육의 학교였습니다. '쉐마'는 '들으라'는 뜻입니다. 즉, 하나님께서 이스라엘 백성들을 어떻게 체질 개선할 것인가에 대한 것을 본문을 통해 말씀하고 계십니다. 그러므로 이스라엘 백성을 향하여 들으라고 명하십니다.

1. '쉐마'의 기록 목적은 무엇입니까?(신 6:1)

   정답: 건너가서 차지할 땅(가나안)에서 지킬 명령과 규례와 법도

문제 설명

하나님께서는 이스라엘 백성을 가나안 땅, 즉, 하나님이 약속하신 축복의 땅으로 이끌어 가십니다. 이때, 가나안은 이미 모든 것이 풍성하고 우상숭배가 넘쳐났던 곳입니다. 그러므로 이스라엘 백성이 가나안에서 우상숭배와 물질의 풍부함 속에서도 하나님을 잊지 않고 그 가운데서 하나님을 기억하여 하나님의 백성으로서 하나님의 하나님 되심을 선포하길 원하셨습니다.

하나님께서는 가나안 거민들의 우상숭배와 음란함에 물들지 않게 하기 위해 하나님의 말씀으로 무장하길 원하신 것입니다. 이것이 본문을 주신 목적입니다.

2. 교육 대상자는 누구라고 지칭하고 있습니까?(신 6:2)

   정답 : 너와 네 아들과 네 손자들

문제 설명

'너와 네 아들, 그리고 네 손자'라는 말은 결국 후손들 대대로 계속해서 전수되어야 함을 의미합니다. 처음엔 자녀로서 배워야 합니다. 그러나 장성하면 이제는 교사의 모습으로 내 자녀를 가르쳐야 합니다. 그리고 가르치기 위해 계속해서 자신을 교육해야 합니다. 그러므로 신앙은 평생교육인 것입니다.

여기서 또한 교육의 중요한 부분을 발견하게 되는데, 그것은 신앙 교육은 가정에서부터 시작되고 있다는 것입니다. 신앙 교육에서 가장 중요한 1차 교사는 바로 부모입니다. 그러므로 교사는 자신에게 맡겨진 학습자의 가정이 먼저 복음화되는 데 최선을 다해야 합니다.

3. 신앙 교육의 목적은 무엇입니까?(신 6:2)

① 평생에 네 하나님 여호와를 경외하며

② 하나님이 명하신 모든 규례와 명령을 지키게 하며

③ 네 날을 장구하게 하기 위함

문제 설명

하나님께서는 이스라엘 백성이 하나님을 경외하며, 하나님의 말씀을 지켜 행함으로 하나님의 하나님 되심을 선포하기를 원하셨습니다. 이를 위해 열심히 신앙 교육을 해야 합니다. 이러한 행위는 피조물인 우리에게 너무나 당연한 것입니다. 그런데 하나님께서는 너무나 감사하게도 이런 당연한 의무를 다하는 우리에게 한 가지 약속을 더 주십니다. 그것은 우리의 날을 '장구(長久)'하게 하신다는 것입니다. 이 말은 단순히 오래 산다는 의미가 아니라 오래오래 하나님이 주시는 복을 누리며 산다는 복된 약속입니다.

4. '쉐마'에서 소개되는 신앙 교육의 내용은 무엇입니까?(신 6:4~5)

① 오직 유일한 하나님 여호와(유일신관)

② 마음과 뜻과 힘을 다하여 여호와를 사랑하라(전인격).

문제 설명

본문에서는 신앙 교육의 내용을 크게 두 가지로 나눌 수 있습니다. 그 첫 번째는 모든 것의 근본 되시는 하나님에 대한 것이고, 둘째는 피조물인 우리가 그 하나님을 어떻게 경외할 것인가에 대한 것입니다. 신명기 6:4~5에서 하나님은 다른 어떤 우상의 신들과 비교조차 할 수 없는 참되고, 유일하신 하나님이시며, 피조물 된 우리는 하나님을 전인격적으로 삶에서 최선을 다해 정성껏 섬겨야 한다는 신앙의 중요한 원리를 가르쳐 주고 있습니다.

5. '쉐마'에서 소개되는 교육 방법은 어떤 것들이 있습니까?(신 6:6~9)

① 마음에 새기고

② 항상 강론하며

③ 손목에 매어 기호를 삼으며

④ 미간에 붙여 표로 삼고(경문갑)

⑤ 문설주와 바깥 문에 기록(메주자)

문제 설명

본문의 말씀은 하나님의 말씀을 단순한 지식으로 배우는 방법이 아닌 마음에 새겨 삶으로 적용할 수 있는 방법들과 이를 위해 항상 가르치고 배우고 나눌 수 있는 시간과 언제라도 하나님의 말씀을 생각하고 볼 수 있는 다양한 방법들을 총체적으로 이야기하고 있습니다. 위에서도 언급했듯이 하나님은 인격적인 분이시므로 우리의 한 부분이 아닌 전인격을 원하십니다.

이와 같이 우리의 모든 것이 하나님께 향하길 원하셨습니다. 이를 위해 다양한 교육의 방법을 사용하셨습니다. 이와 같이 우리의 가르침에 있어서도 다양한 교육의 방법이 사용되어야 합니다. 따라서 과연 나는 몇 가지 방법을 사용하여 가르치고 있는지 생각해 볼 필요가 있습니다. 실제 유대인들은 위의 내용을 직접적인 말씀으로 듣고 실천하고 있습니다. 유대인들은 말씀을 담은 작은 각을 머리에 달 수 있도록 경문갑을 만들어 실제 착용하기도 하고, 옷 수술에 말씀을 기억할 수 있도록 술처럼 달고 다니기도 합니다.

Look 적용점 살피기

1. 나는 왜 교회학교에서 가르치고 있는지 이야기해 봅시다.

2. 나는 내가 무엇을 가르치고 있는지 분명하게 알고 있습니까? 알고 있다면 무엇인지 간략하게 설명해 봅시다.

3. 나는 교사로서 학습자에게 학습 내용을 좀 더 효과적으로 잘 전달하기 위해 몇 가지 교육 방법을 사용해 보았습니까? 내가 알고 있는 교육 방법은 몇 가지가 있는지 나누어 봅시다.

문제 설명

교육 방법은 수도 없이 많습니다. 그렇지만 가르치고자 하는 내용과 교실 환경, 그리고 학습자의 상태 등 모든 것이 고려될 때, 방법론들은 가장 효과적일 수 있습니다. 교육 방법의 대표적인 것을 몇 가지 이야기하면 다음과 같습니다.
강의, 질의응답법, 시청각 교육, 협동 학습, 수준별 단계별 학습, 프로젝트 학습법, *브레인스토밍 등이 있습니다.

* 브레인스토밍(brainstorming) :

한 주제를 선정하고 서로의 생각을 아무런 제약 없이 떠오르는 대로 이야기하며 생각을 모으는 방법으로 프로젝트 수업이나 광고 마케팅에 많이 사용됩니다.

주제 연구 가이드

학습자가 한 가지씩 조사해 온 뒤 다음 주에 발표하게 하는 것도 효과적입니다.

Took 실천사항 찾기

한 주간 실제로 실천할 수 있는 구체적인 내용 3가지를 적어보고 그 결과를 점검해 봅시다.

	실천할 내용 (구체적으로 기록하세요)	점검 (10기준)	느낌 및 다짐
1			
2			
3			

기도하겠습니다.

오늘 나눔을 통하여 깨달은 점을 생각하며 기도문을 작성해 보세요.

교사를 위한 잠언

주일학교는 교회의 모판과 같다. 모판을 우습게 여기면 가을날 수확도 없다는 사실을 우리는 마음 깊이 새겨야 한다. – 김동호 목사

마무리 예화

다이아몬드

여성이라면 누구나 갖고 싶어 하는 보석이 바로 다이아몬드입니다. 다이아몬드는 숯과 같은 성분으로 땅속 깊은 곳에 있습니다. 이것이 수천 년 동안 땅의 압력과 뜨거운 열기를 받아 보석이 되는 것입니다.

그 물질이 다이아몬드가 되기 위해서는 150만 파운드의 압력과 섭씨 2700도의 열이 필요하다고 합니다.

다이아몬드는 중량에 따라 큰 차이가 납니다. 색깔이 맑고 투명해야 귀하고, 커팅과 세공을 거쳐야 그 가치가 더욱 빛나게 됩니다. 또한 흠이 없고 점이 없어야 깨끗하고 좋은 다이아몬드가 됩니다.

하나님은 숯과 같은 우리를 다이아몬드 같은 소중한 존재로 만들기를 원하십니다.

교육 자료 4

이 부분은 필요할 때 특강 강의안으로 사용 가능합니다.
'Book' 또는 'Look' 전·후 부분을 나눌 때 참고하면 좋습니다.

1. 교회 교육이란?

교육은 사람을 변화시키기 위한 체계적이고 계획적인 활동입니다. 교회 교육 역시 변화를 일으키는 사역입니다. 그런데 사람이 사람을 변화시킬 수는 없습니다. 사람에게 변화를 일으키고 자라게 하시는 분은 오직 하나님뿐입니다(고전 3:7). 교사는 하나님의 동역자(고전 3:9)들로 씨앗을 심고, 물을 주고, 가꾸는 일을 하는 사람입니다. 교사가 할 수 있는 것은 눈물로, 기도로 심고, 말씀의 씨를 뿌리고, 가꾸는 일입니다.

2. 교회 교육의 목표

① 교육의 사전적 의미
사람이 살아가는 데 필요한 모든 행위를 교수·학습하는 일과 그 과정으로서 인간을 인간답게 만드는 중요한 활동입니다.

② 교회 교육에 적용해 본다면
구원받은 성도가 신앙생활을 하는 데 필요한 모든 덕목을 가르치며, 그리스도인을 그리스도인답게 만드는 총체적 과정입니다. 즉, 하나님께서 그리스도의 몸 된 교회에 맡기신 주님의 자녀들을 진리의 말씀으로 양육하여 전인격적인 그리스도인으로 성장하도록 이끄는

일, 즉 '그리스도의 장성한 분량이 충만한 데까지' 이르도록 돕는 것이 교회 교육입니다(엡 4:13). 이를 위해 다음과 같이 기초적인 신앙관이 확립되도록 도와야 합니다.

· 인생관 확립 : 구원의 확신, 새사람
· 세계관 확립 : 하나님 주권 사상
· 가치관 확립 : 분별

3. 교회 교육의 중요성

① 하나님의 명령이기 때문입니다.
② 영혼을 구원하는 일이기 때문입니다.
③ 사람의 근본을 알게 하는 일이기 때문입니다.
④ 성경적인 삶의 소중함을 알아가도록 하는 일이기 때문입니다.

4. 교회 교육의 내용

우리 자녀들은 교회 교육을 통해 그리스도인의 인생관과 성경적 세계관, 그리고 기독교적 가치관을 배워야 합니다. 그러면 구체적으로 어떤 내용들을 습득해야 할까요?

① 하나님을 아는 것
진리의 말씀(시 19:7~10), 사랑의 하나님(요 3:16), 올바른 예배(요 4:23), 성경(딤후 3:15)

② 세상을 아는 것
세상의 시작(창 1:1), 하나님의 주권(대상 29:11~13), 복음의 증인(행

20:24), 세상의 소금과 빛 된 삶(마 5:13~16), 성경을 통한 유익(딤후 3:16) 등.

③ 자신의 가치를 아는 것
하나님의 형상을 따라 창조된 인간(창 1:27), 회복된 자화상(벧전 2:9), 세상과 구별된 삶(롬 12:1) , 미래의 꿈과 비전(빌 2:13), 성경 말씀으로 양육(딤후 3:17)

④ 무엇을 해야 하는지 아는 것(vision)
분명하고 바른 비전이 제시되지 않으면 자신이 무엇을 해야 하는지(고전 10:31), 무엇을 향해 달려가야 하는지 혼란스러워 방황하게 됩니다.

5. 눈높이 맞추기!
(학습자 이해)

Hook 주의 끌기

"우는 아이를 유순한 말로 달래다가 듣지 않으므로 야단쳤다.
그래도 그치지 않아서 한두 대 때렸더니 점점 더 크게 울었다.
말을 듣지 않는다고 격분하여 여러 대를 때렸더니 아이는 더 크게 울며 몸부림을 쳤다. 이대로 두면 아이는 죽은 후에나 울음을 그칠 것 같았다. 나는 이 아이의 아버지가 될 자격이 없는 사람이다.
더욱이 학생들을 교육하는 사람으로서 부족한 것이 너무나 많다. 마음으로 깨닫고 회개하였다.
인간 교육의 어려움을 깨달을 때 나에게 베푸시는 하나님의 교육이 얼마나 완전한 것인지 깨닫게 되고, 그 은총이 무한히 크심에 저절로 눈물이 흘러나온다. 오, 주의 크신 사랑이여!"

일제시대 독실한 신앙인이요 교육자였던 김교신의 글입니다.
느낀 바가 있다면 무엇입니까?

주제 연구 가이드

때로는 학습자가 본 내용과 전혀 다른 이야기를 할 수도 있습니다. 그렇다고 핀잔을 주지 마시고 그냥 그대로 존중해 주세요.

문제 설명

하나님은 우리를 너무나 잘 아시는 분이십니다. 얼마나 잘 아시는지 머리털까지 세신 바(눅 12:7) 되었다고 합니다.

하나님은 우리를 만드신 분이시기에 어느 누구보다 우리를 잘 아십니다. 그러기에 주님은 언제나 우리의 눈높이에 맞추어 다가오십니다. 우물가의 여인에게도 그러하셨습니다. 그리고 저 높고 높은 하늘 보좌에서 낮고 낮은 인간의 모습으로, 우리의 눈높이에 맞추어 오셨습니다.

그러나 여기서 기억해야 할 것은, 학습의 높이가 눈높이라는 것이지 교육의 목적이나 목표가 눈높이라는 것은 아닙니다.

예수님은 언제나 우리의 눈높이로 다가오셨습니다. 그러나 그분의 가르침은 언제나 새로웠고, 하늘 아버지에 대해 알게 하는 것이었습니다. 그분의 가르침은 깊이가 있으셨습니다.

Book 주제연구

[읽을 말씀]

마가복음 10:13~16

13사람들이 예수의 만져 주심을 바라고 어린아이들을 데리고 오매 제자들이 꾸짖
거늘 14예수께서 보시고 노하시어 이르시되 어린아이들이 내게 오는 것을 용납하고
금하지 말라 하나님의 나라가 이런 자의 것이니라 15내가 진실로 너희에게 이르노
니 누구든지 하나님의 나라를 어린아이와 같이 받들지 않는 자는 결단코 그곳에 들
어가지 못하리라 하시고 16어린아이들을 안고 그들 위에 안수하시고 축복하시니라

1. 본문을 통해 우리는 당시 사람들이 어떤 시각으로 어린이를 보았는지 짐작해 볼 수 있습니다. 제자들은 예수님께 나아온 어린아이들에게 어떻게 행동했습니까?(13절)

정답 : 꾸짖음

주제 연구 가이드

당시 어린아이는 매우 하찮은 존재였습니다. 오늘과 같이 어린이의 인권이 중요시되고 인정받던 시대가 아니었습니다. 부모 때문에 자식이 노예로 팔려가는 것이 당연한 시대였습니다.

그런데 그들 중에 예수님이 자신의 자녀를 만져주길 원하는 부모들이 있었습니다. 그래서 자녀들을 데리고 예수님께 가까이 가려 하자 분위기는 순식간에 복잡해지고 시장처럼 변했던 것입니다. 그러자 예수님의 제자들은 분위기를 다시 정리하기 위해 나섰고 그때, 어린아이들이 제자들의 표적이 되어 꾸짖음을 듣게 되었던 것입니다.

2. 예수님은 제자들의 이러한 태도를 보시고 어떻게 반응하셨습니까?(14절)

정답 : 노하시고 어린이들을 가까이 오게 하심

문제 설명

예수님은 이런 상황을 지켜보시고 너무나 화가 나셨습니다. 그 이유는 예수님에게 있어서 어린아이의 가치는 어른의 가치와 동일하게 천하보다 귀하며, 하나님의 형상대로 창조된 보배롭고 존귀한 자이기 때문입니다. 오히려 예수님은 억압받고 누군가를 의지하지 않으면 안 되는 사람(창기, 세리, 왕따 등)을 더 긍휼히 여기시고 함께해 주셨습니다. 이와 같은 예수님의 사랑은 역시 어린아이들에게도 동일하게 적용되었습니다. 그러므로 제자들의 행위를 보시고 예수님이 화를 내셨던 것입니다.

3. 예수님의 아이들에 대한 태도를 볼 때, 교회(자신)의 태도는 어떠해야 한다고 생각합니까?

정답 : 예수님같이 어린아이 한 사람 한 사람을 존중하고 인정해야 한다.

문제 설명

오늘날 어린이의 위상과 인권이 많이 높아졌다고는 하나 아직도 교회에서 어린이의 위치는 그리 높지 않습니다. 예를 들어, 어른들의 행사에 의해 어린이 예배는 수시로 시간과 장소를 변경해야 하는 경우가 많습니다.
장년부 예배 시간과 어린이 예배 시간을 분리하여 드리면서 장년부 예배에 떠드는 아이들을 방지하기 위해 때로는 거의 감금 수준의 돌봄을 하고 있는 경우도 있습니다. 우리는 예수님의 마음으로 어린아이들을 바라보고 돌봐주어야 할 책임과 의무가 있습니다. 교회의 모든 어린아이들이 내 아이라는 마음을 가진다면 조금 더 쉬워질 것입니다.

4. 예수님은 '하나님의 나라가 어린아이와 같은 자들의 것'이라고 말씀하셨습니다(14절). 그렇다면 여기서 '어린아이와 같은'은 어떤 의미인가요?

정답 : 하나님 나라를 받드는 자

5. 그 외 다른 성경 구절에 소개된 어린아이의 성품을 찾아보세요.

① 마태복음 18장 4절

정답 : 자기 자신을 낮추는 자

② 베드로전서 2장 2절

정답 : 순전하고 신령한 젖을 사모하는 이

문제 설명

예수님은 성경의 여러 곳에서 어린아이와 같은 자가 천국을 소유한다고 합니다. '어린아이와 같아야 한다.'라고 이야기할 때는 어린아이의 전인격적인 모든 부분을 언급하는 것이 아니라 어린아이의 특성인 한 부분을 지칭하는 것입니다. 그것은 위 문제에서도 풀었듯이 어린아이가 부모를 의지하여 성장하고 자라나듯 하나님을 전적으로 의지하고 믿고 따라가는 마음이 우리에게 있어야 함을 강조하고 있는 것입니다. 또한 어린아이는 자신을 높이고 싶어도 스스로 높아질 수 없습니다. 누군가 높여주어야만 높아질 수 있습니다. 이와 같이 스스로를 높이려고 하지 말고, 하나님이 높여주실 때만 높아질 수 있다는 사실을 인정하고 겸손해지려는 노력이 필요합니다. 지금 나는 어린아이와 같습니까?

6. 예수님께서는 자신에게 나아온 아이들에게 어떻게 하셨습니까?(16절)

정답 : 안아주시고, 안수하시고, 축복하심

문제 설명

예수님께서는 어린아이들을 사랑으로 품어주시고, 그들을 위해 기도해 주시며, 그들을 축복해 주셨습니다. 이를 볼 때, 어린아이들은 축복의 대상이며, 축복해 주는 것이 당연합니다. 그 축복이 어린아이들의 삶에서 열매 맺을 것을 생각해 보십시오. 기대가 되지 않습니까?

주제 연구 가이드

선생님들에게 반 어린이들을 한 명씩 품에 안고 사랑한다고 고백하고 축복기도를 해 주는 것을 한 주간의 과제로 내주는 것도 적용을 위한 좋은 방법이 될 것입니다.

Look 적용점 살피기

1. 어린아이들 때문에 교회가 피해를 입거나 문제가 되었던 경험이 있습니까? 있으면 이야기해 봅시다.

문제 설명

어린아이들이 물건을 사용하면 때로는 망가지고, 부서지고, 지저분해지고, 시끄럽기도 합니다. 그래서 이를 싫어하거나 자제시킨다면 소망이 사라지는 것입니다. 예를 들어, 외양간에 소가 없다면 모든 것이 깨끗할 수 있습니다. 그러나 그 집은 소로 인하여 얻어지는 소망도 함께 사라지는 것입니다.

2. 우리 교회에서 어린이의 위치는 어떻다고 생각합니까?

3. 예수님과 같이 어린이를 축복한다고 할 때, 내가 축복할 수 있는 방법은 구체적으로 무엇이 있습니까?

Took 실천사항 찾기

한 주간 실제로 실천할 수 있는 구체적인 내용 3가지를 적어보고 그 결과를 점검해 봅시다.

	실천할 내용 (구체적으로 기록하세요)	점검 (10기준)	느낌 및 다짐
1			
2			
3			

기도하겠습니다.
오늘 나눔을 통하여 깨달은 점을 생각하며 기도문을 작성해 보세요.

교사를 위한 잠언

교육의 비결은 학생들을 존중하는 것이다. - 에머슨

마무리 예화

비전이 걸작을 만든다

위대한 조각가 미켈란젤로가 뒤뜰에 있는 큰 바위를 보았습니다. 반은 땅속에 묻혀 있고 반은 나와 있어서 걸림돌이 되었습니다. 사람들에게는 불필요한 돌이었지만 미켈란젤로는 그 돌을 보았고 그 돌 속에서 사람이 나오게 했습니다.

"저 돌 속에 다윗(David)이 들어 있다. 다윗, 나오라."

미켈란젤로는 그때부터 수만 번의 정을 쪼아가면서 거대한 돌을 위대한 다비드(David) 상으로 만들어냈습니다.

미켈란젤로는 그 쓸모없는 바위를 자신의 비전의 근원지로 삼았습니다. 그리고 바윗돌을 깨고 부수고 다듬어서 걸작을 만들어냈습니다. 우리는 비전을 찾아야 합니다. 그리고 그것을 위해 계속 노력해야 합니다. 그래서 결국엔 걸작을 만들어내야 합니다.

교육 자료 5

이 부분은 필요할 때 특강 강의안으로 사용 가능합니다.
'Book' 또는 'Look' 전·후 부분을 나눌 때 참고하면 좋습니다.

알고 가르칩시다(학습자 이해)

"예수는 지혜와 키가 자라가며 하나님과 사람에게 더욱 사랑스러워 가시더라"(눅 2:52).

성경은 예수님의 어린 시절을 묘사하고 있습니다.
누가복음 2:52을 통하여 우리는 아이들이 지적(지혜), 신체적(키가), 영적(하나님과), 사회적(사람에게)으로 발달(더욱 사랑스러워)하는 것을 알 수 있습니다.
'눈높이 교육'이라는 말이 있습니다. 어린이의 위치에 서서 그들을 이해하지 않고서는 참다운 의사소통을 할 수 없다는 뜻입니다.
어린이에 대한 이해와 노력이 담긴 의사전달을 통하여 아이들의 심령에 예수 그리스도(생명)를 심어줄 수 있는 교사가 되어야 합니다.

어린이 이해

1. 어린이의 정체성

모든 교육은 '대상 이해'를 전제로 합니다. 주일학교 교사에게는 교육자 차원의 준비가 필요함과 동시에 피교육자를 알아가는 과정이 있어야 합니다. 예수님도 하나님의 구원 대상인 인간을 이해하시기 위해 인생의 모든 희로애락(喜怒哀樂)을 맛보셨습니다. 그렇다면 어린이란 어떤 존재일까요?

① 독립된 인격(personality)

어린이는 어른과 동등한 인격을 지닌 존재입니다.

② 한 세계(world)

어린이는 그들 나름대로의 세계를 갖고 있습니다.

③ 한 개성(character)

어린이도 각자 자신의 개성을 지니고 있습니다.

④ 하나님의 형상(image)

모든 어린이는 하나님의 형상대로 지음 받았습니다.

⑤ 죄인(sinner)

모든 어린이는 하나님 앞에 전적으로 타락한 죄인입니다.

⑥ 회복(restoration)

어린이도 예수님을 통해 죄에서 회복되어야 하는 인간입니다.

2. 예수님의 어린이 이해

예수님은 신실하게 제자들을 섬기셨을 뿐 아니라 어린이들을 아끼고 사랑하셨습니다. 예수님께서 어린이를 보시는 시각은 여느 사람들과는 달랐습니다.

어린이와 관련된 성경의 사건들을 통해 우리는 예수님께서 이해하신 어린이의 모습을 발견할 수 있습니다.

① 섬김의 대상(막 9:37)

제자들이 '누가 더 큰 자인가'에 대해 서로 다툴 때(막 9:33~34), 예수님께서는 섬기는 자세의 중요성에 대해 어린이를 예로 들어 말씀하셨습니다. 그리고 어린이와 자신을 동일시하시며 어린아이를 영접하는 것이 예수님과 하나님을 영접하는 것이라고 가르치셨습니다.

② 초청의 대상(막 10:14)

예수님께서는 어린이를 친근하게 대하셨으며 가까이 두려고 하셨습니다. 예수님께 있어서 어린이는 중요한 존재요 초청의 대상이었습니다. 그러므로 어린이를 예수께로 '초청하는' 교사야말로 하늘나라에 합당한 사역자요, 일꾼입니다.

③ 애정의 대상(막 10:16)

예수님께서는 어린이들과 함께 계실 때 그들을 만져주시고 안아주셨습니다. 안아 올려서 눈을 맞추시고, 무릎에 앉히시며, 따뜻한 품으로 감싸주셨습니다. 어린이는 애정이라는 양분을 공급받으며 자라는 존재임을 아셨기 때문입니다.

④ 축복의 대상(막 10:16)

예수님은 어린이를 축복하셨습니다. 그들의 미래가 잘 되기를 소원하셨고, 하나님과 사람들에게 꼭 필요한 존재로 성장하도록 기도해 주셨습니다. 아이들을 축복해 주심으로 그들이 하나님께 특별한 존재라는 것을 일깨워 주신 것입니다.

3. 어린이 이해의 방법들

① 관찰(Watching)

어린이의 생활 태도와 관심사, 고민 등을 관심과 사랑으로 끊임없이 지켜보는 것입니다. 교사의 관찰은 어린이가 능동적으로 배워갈 수 있도록 돕는 역할을 합니다.

② 놀이(Playing)

놀이는 어린이에게 있어 일, 또는 공부와 같습니다. 어린이는 놀이 문화를 통해 인지가 발달하고 사회성이 길러집니다. 어린이와 놀아줄 때 그들과 친숙하게 됩니다.

③ 지식(Reading)

관찰과 놀이를 통한 어린이 이해에는 한계가 있습니다.
어린이의 발달 상황과 신체적 특성, 건강 등에 대한 사전 지식을 얻기 위해 전문 서적이나 인터넷 자료의 도움을 받아야 합니다.

④ 대화(Talking)

학습자를 이해하기 좋은 방법 중 하나는 학습자의 생각을 직접 듣는 것입니다. 학습자가 지금 무슨 생각을 하고 있는지, 어떤 마음인지 직접 들어야 합니다. 그래야 오해도 생기지 않습니다.

6. 잃어버린 양을 찾아서!

(반 목회)

Hook 주의 끌기

주일학교 선생님이었던 에드워드 킴볼(Edward Kimball)은 난폭한 아이들을 위해 기도했으며, 그들이 주님을 알기를 원했다. 이런 아이들을 대할 때마다 포기하고 싶은 생각이 들 때도 있었다.

그러던 중 한 젊은이가 복음을 이해하지 못하자, 그가 일하는 구두가게에 찾아가 예수님과의 개인적인 관계의 중요성을 가르친 일도 있었다. 토요일 오후, 일하던 가게에서 예수 그리스도를 자신의 구주로 받아들인 그 젊은이가 바로 드와이트 무디(Dwight L. Moody)였다.

그러나 이야기는 여기서 끝나지 않는다. 무디의 영향 아래 또 한 사람의 복음 전도자가 나타났다. 수많은 사람들에게 설교를 했던 윌버 채프만(Wilbur Chapman)이라는 사람이었다. 그리고 어느 날 채프만이 인도하는 모임에 한 야구선수가 참석하여 회심하게 되는데, 그의 이름은 빌리 선데이(Billy Sunday)였다. 회심한 빌리는 야구를 그만두었고, 채프만과 함께 사역을 시작하였다.

또 다른 한 젊은이가 회심을 하게 되었다. 모르데카이 햄(Mordecai Ham)이었다. 박식하고 위엄을 갖춘 신사였던 이 복음 전도자가 노스캐롤라이나 샬럿(Charlotte)에서 복음을 전할 때, 고등학교에 다니던 열은 갈색

머리의 한 호리호리한 젊은이가 있었다. 빌리 프랭크(Billy Frank)라고 불렸던 그 젊은이는 설교하는 데는 가지 않겠다고 맹세를 했지만, 결국은 그 모임에 참석하게 되었다.

그 지역의 학생들이 집회를 방해하려고 했는데, 사실 무슨 일이 일어나는지 보기 위해 참석했지만, 다음날 그는 주님의 초대에 응하여 회심하게 되었다. 빌리 프랭크는 후에 빌리 그래함(Billy Graham)으로 더 잘 알려졌다.

"사과나무에 열린 사과의 개수는 셀 수 있지만, 사과씨 속에 있는 사과의 개수는 셀 수 없다"라는 오래된 격언이 있다(Stanley Derickson).

위의 예화를 읽고 느낀 점이나 배울 점이 있다면 나누어봅시다.

주제 연구 가이드

'Hook'은 '주의 끌기' 단계로 학습자들이 흥미를 갖고서 오늘의 학습 주제와 연관된 내용을 생각해 보게 하는 단계이므로 강압적인 분위기나 말꼬리 잡는 식의 소비적인 시간이 되지 않도록 주의해야 합니다.

문제 설명

위의 이야기를 통해 깨달아야 할 것은, 잃어버린 한 영혼이 보여줄 수 있는 영향력이 이와 같다면 나는 한 영혼을 잃어버린 것이 아니라 셀 수 없는 가치를 잃어버린 것이라는 것입니다. 그러므로 우리는 한 마리 양이라도 잃어버리지 않도록 노력해야 합니다.

Book 주제연구

주제 연구 가이드

한 교회를 책임지는 목사가 있고, 한 부서를 책임지는 교역자가 있는 것처럼, 한 반을 책임지는 교사가 있습니다. 이들 모두가 하나님의 나라를 확장하는 중요하고도 소중한 사역자들입니다. 그래서 본 장에서는 '반 관리', '반 운영'이라는 용어보다는 '반 목회'라는 용어를 사용하였습니다. 지금부터 어떻게 하면 좀 더 효과적인 반 목회를 할 수 있는지 살펴보고 나누겠습니다.

[읽을 말씀]

마태복음 18:12~14

12 너희 생각에는 어떠하냐 만일 어떤 사람이 양 백 마리가 있는데 그중의 하나가 길
을 잃었으면 그 아흔아홉 마리를 산에 두고 가서 길 잃은 양을 찾지 않겠느냐 13 진실
로 너희에게 이르노니 만일 찾으면 길을 잃지 아니한 아흔아홉 마리보다 이것을 더
기뻐하리라 14 이와 같이 이 작은 자 중의 하나라도 잃는 것은 하늘에 계신 너희 아버
지의 뜻이 아니니라

1. 본문은 예수님께서 제자들에게 교사의 사명에 대해 가르치신 부분입니다. 예수님이 제자들에게 하신 말씀을 따른다면 '양 백 마리를 소유한 사람에게서 한 마리가 없어졌을 때 그가 마땅히 취해야 할 태도'는 무엇입니까?(마 18:12)

   정답 : 길 잃은 양을 찾으러 감.

2. 그 양을 찾았을 때의 기쁨은 어느 정도라고 말씀합니까?(마 18:13)

정답 : 길을 잃지 아니한 아흔아홉 마리보다 기쁘다.

3. 성경의 다른 부분을 보면 잃어버린 양을 찾아 어깨에 메고 집으로 돌아온 후 이웃과 어떻게 그 기쁨을 나눈다고 기록되어 있습니까?(눅 15:6 참조)

정답 : 그 벗과 이웃을 불러 모으고 함께 즐김(잔치함).

문제 설명

본문에서 강조되어야 할 의미는 한 영혼을 천하보다 귀하게 여기시는 하나님 아버지의 마음입니다. 탕자의 비유에서와 같이 잃은 아들을 찾았을 때 이웃을 불러 모아 잔치를 베푸는 아버지처럼 목자에게 양은 자녀와 같습니다.

주제 연구 가이드

지도자는 위의 질문을 다시 학습자에게 '나는 지금 목자, 아버지의 기쁨을 동일하게 느끼고 있는가?'라고 물어봄으로써 본문의 내용을 좀 더 구체화시킬 수 있습니다.

4. 14절에 나오는 '이 작은 자'는 구체적으로 누구를 가리키고 있습니까?(2절 참조)

정답 : 어린아이

문제 설명

본문에서 '작은 자'(14절)는 '어린아이'(2절)와 그 의미가 같습니다. 당시 어린아이는 수에도 들어가지 않았으며, 오늘날같이 인권이 존중되지도 않았습니다. 그러므로 본문에서 작은 자, 어린아이는 누군가의 도움이 없이는 살 수 없는 이들, 누군가의 올바른 인도와 보살핌이 필요한 모든 이들을 지칭한다고 볼 수 있습니다. 이를 조금 더 확대시키면, 오늘 나에게 맡겨진 아이들, 내가 보살피고 돌봐주어야 할 모든 이들로 볼 수 있습니다.

5. 하나님께서 맡기신 양들을 돌보는 목자들을 향한 뜻은 무엇입니까?(14절)

문제 설명

첫째는 잃어버리지 않고 잘 돌보는 것입니다. 두 번째는 혹시라도 잃어버린 양이 있다면, 내 자식과 같은 마음으로 그들을 찾으려는 열정과 사랑, 용기 있는 행동이 있어야 합니다.

Look 적용점 살피기

1. 나에게 맡겨진 아이들의 이름과 연락처를 기억하여 적어봅시다.

문제 설명

나에게 맡겨진 아이들의 이름을 불러주는 것은 소속감과 함께 자신이 얼마나 사랑과 관심을 받고 있는지 인식시켜 주는 중요한 일입니다.
그리고 그들의 연락처를 안다는 것은 결국 얼마나 심방을 하고 있는지와 연관되어 있습니다. 아이들의 이름과 연락처를 바로 적지 못한다면, 일정 기간을 정해주고 암기할 수 있도록 도와야 합니다.

2. 혹시 나에게 잃어버린 양이 있습니까? 있다면 누구입니까? 그리고 잃어버린 양을 찾기 위한 나의 전략은 무엇입니까?

3. 주님께서 맡겨주신 양들을 돌보는 사명을 가진 교사로서, 본문에 비유로 등장하는 목자의 모습과 나의 모습을 비교해 볼 때 어떤 마음이 듭니까?

Took 실천사항 찾기

한 주간 실제로 실천할 수 있는 구체적인 내용 3가지를 적어보고 그 결과를 점검해 봅시다.

	실천할 내용 (구체적으로 기록하세요)	점검 (10기준)	느낌 및 다짐
1			
2			
3			

기도하겠습니다.
오늘 나눔을 통하여 깨달은 점을 생각하며 기도문을 작성해 보세요.

교사를 위한 잠언

완벽한 교사가 우리 앞에 있다. 위대한 교사이자 최고의 모범이신 예수 그리스도를 더 깊이 연구하자. - 하워드 헨드릭스 -

마무리 예화

삶 속에서 진리를 발견하자

실존주의 철학자 키에르케고르는 '온 세계가 다 무너져도 내가 붙들고 놓지 않을 진리, 그것을 위해 살고 그것을 위해 죽을 수 있는 진리를 나는 발견해야 된다'고 말했습니다. 우리도 하나님에 대한 지식을 알아감으로써 참 진리를 발견해야 합니다.

세상에는 다양한 것이 공존합니다. 신실하게 믿음으로 살아가려는 사람들이 있는가 하면, 탕자처럼 죄에서 허우적대는 사람들도 많습니다. 우리가 어느 편에 서야 하는지는 자명합니다. 우리는 오로지 진리의 말씀을 마음에 채워야 합니다. 삶 속에서 진리를 발견해야 합니다. 하나님의 말씀 중에서 어떤 말씀이 나를 변화시키고 감동을 줍니까? 내게 도전을 주고 심령을 변화시켰던 진리의 말씀을 붙들고 살아가야 합니다. 이것이 우리의 신념이 되어야 합니다.

교육 자료 6

이 부분은 필요할 때 특강 강의안으로 사용 가능합니다.
'Book' 또는 'Look' 전·후 부분을 나눌 때 참고하면 좋습니다.

1. 성공적인 반 목회 선언문

반 목회 선언문

"우리가 이같이 너희를 사모하여 하나님의 복음뿐 아니라 우리의 목숨까지도 너희에게 주기를 기뻐함은 너희가 우리의 사랑하는 자 됨이라"(살전 2:8).

데살로니가전서 2장 8절 말씀은 '반 목회 선언문'이라 할 수 있습니다. 이 말씀을 통해 반 목회에 필요한 성경의 교훈을 얻을 수 있습니다.

1. "우리가 이같이 너희를 사모하여" - 사랑 반
학급의 존재 목적은 결국 학생들을 향한 하나님의 사랑을 표현하는 일입니다.

2. “하나님의 복음뿐 아니라” – 복음 반

교사가 학생과 나누는 최대의 가치는 복음 그 자체입니다.

3. “우리의 목숨까지도” – 희생 반

교사는 학생과 자신의 삶을 나누며 인격적인 관계가 형성되도록 힘써야 합니다.

4. “너희에게 주기를” – 나눔 반

무엇이든 자신의 것을 나누는 일은 서로를 가치 있는 존재로 인정하는 행위입니다.

5. “기뻐함은” – 기쁨 반

학생이 영적으로 성장하는 것을 지켜보는 일보다 큰 기쁨은 없습니다.

6. “너희가 우리의” – 일치(하나) 반

반의 울타리 안에는 홀로 있는 사람이 있을 수 없습니다.

7. “사랑하는 자 됨이라” – (사랑의) 열매 반

교사는 학생을 모든 사람이 ‘사랑하는 자’가 되도록 이끌어야 합니다.

2. 성공적인 반 목회를 위한 연구

1) 반 목회의 정의

반 목회는 주일학교에서 한 명의 교사가 주어진 한 반을 담당하여 사명감을 가지고 아이들에게 하나님의 말씀을 가르치며 올바른 신앙생활을 지도하고 예수님을 닮은 온전한 신앙의 인격자로 만드는 일입니다. 그러므로 반 목회는 종합적인 교육이라 할 수 있습니다.

2) 반 목회의 중요성

① 주일학교 성장의 원동력

교회의 부흥이 성도 하나하나의 부흥으로부터 시작되듯이 주일학교의 부흥은 한 반의 성장이 없이는 이루어질 수 없습니다. 교회 조직에 있어서 구역 등의 소그룹의 위치가 중요한 만큼 주일학교에서 반의 위치는 대단히 중요하다고 볼 수 있습니다.

② 작은 사역지

교사에게 있어서 반은 작은 목회가 이루어지는 곳이며, 성경 말씀을 가르치고 그들의 반응을 살피고, 그들이 성장하도록 도와주는 최고의 기관이라 할 수 있습니다.

진정한 교제는 학생들이 그리스도의 몸 안에서 양육 받으며, 소중히 여김을 받고, 진리의 길로 인도되는 소그룹 안에서 이루어집니다.

반 목회는 결코 주일학교의 지엽적인 사역이 아니라 주일학교 사역의 출발점과 동시에 전체를 포함하고 있는 사역입니다.

3) 반 목회의 목표

예수님은 승천하시면서 제자들에게 앞으로의 사역 목표(방향)를 제시해 주셨습니다. "제자를 삼아 가르치고 지키게 하라"(마 28:19~20)고 명령하셨습니다. 또한 바울은 "우리가 다 하나님의 아들을 믿는 것과 아는 일에 하나가 되어 온전한 사람을 이루어 그리스도의 장성한 분량이 충만한 데까지 이르리니"(엡 4:13)라고 기독교 교육의 목표를 제시하고 있습니다.

그러므로 반 목회의 목표는 하나님을 만나 예수 그리스도를 개인의 구주로 영접하도록 인도하여 주님이 오시는 날까지 그리스도인다운 삶을 살도록 하며, 더 나아가 예수 그리스도의 증인이 되도록 하는 것입니다.

4) 반 운영

① 준비 활동

㉠ 1년 계획 : 1년간의 교사 활동 계획을 세웁니다.

㉡ 신상 파악

이름과 학교, 가정 환경, 교회 활동, 신앙 성숙도, 성경, 취미, 교우관계, 고민이나 기도 제목 등의 모든 관련 정보를 수집합니다.

② 주일 활동

㉠ 예배 지도 : 교사가 먼저 예배자의 모습을 보여야 합니다.

㉡ 분반 활동 : 반별로 이루어지는 활동은 학급 운영의 꽃입니다.

㉢ 결석 학생 관리

주일 오후에 바로 연락하는 것이 좋습니다.

㉣ 시설 준비

둥근 탁자, 칠판 등이 준비되면 효과를 높일 수 있습니다.

③ 주중 활동

㉠ 기도 노트

학생을 관리하는 데 가장 효과적인 기록부는 기도 노트입니다.

㉡ 통신

엽서나 이메일, SNS, 문자 등을 활용하여 주중에도 연락을 해보세요.

㉢ 방문

반드시 부서에서 교사들을 대상으로 사전 교육을 실시해야 합니다 (“어린이 심방 및 상담” 자료 참고, pp.96~99).

㉣ 학부모 관계

주일학교에 대한 학부모의 관심과 격려가 의외로 높습니다.

서로 부담 없이 학생을 위한 유대관계를 맺도록 합니다.

④ 전도 훈련

학생들은 의미 있는 일에 마음을 둡니다. 그러므로 우선 전도에 대한 동기 부여가 중요합니다. 한 영혼을 구원하는 것만큼 가치 있는 일은 없으며, 전도는 그리스도인의 책임일 뿐 아니라 특권이라는 것을 심어줍니다.

㉠ 대상 선정

1년 동안 전도할 친구를 정하게 한 후 명단을 나누어 가집니다.

㉡ 복음전도

자신의 신앙을 소개하고 신앙생활에 필요한 안내를 합니다.

㉢ 초청

부활절과 같은 특별 절기, 또는 아이들의 생일에 초대장을 만들어 나누어 주고 초청하게 합니다.

㉣ 관리
새신자는 가급적 새신자반에 등록시켜 관리하도록 합니다. 인도해 온 친구와 선생님은 주중에 전화를 걸어 안부를 묻고 다음 주 예배에 대한 안내와 참석을 주지시켜 줍니다.

5) 효과적인 학생 관리

가끔씩 문제를 일으키는 학생들이 있습니다. 교사는 그들에게 무관심해서는 안 되며 학생들 간에 올바른 친구관계를 맺도록 가르쳐야 합니다. 그리스도인으로서 합당한 자세와 태도를 지니도록 도와주는 것입니다.

<효과적인 학생 관리 수칙>
① 연초에 모든 학생들과 함께 기본적인 규칙을 정합니다.
② 정한 규칙은 일관성을 갖고 지켜 나갑니다.
③ 규칙을 어기는 경우 적극성과 단호함을 보여줍니다.
④ 분명한 목적을 갖고 말씀과 훈계로 일깨워 줍니다.
⑤ 최종 해결자는 하나님이시므로 끝까지 기도합니다.

7. 우리 반 돌보기!

(반 심방)

Hook 주의 끌기

한 은퇴한 선생님의 집에 제자가 찾아왔습니다. 이야기를 나누다가 대화의 주제가 '어린이'로 옮겨갔습니다. 제자가 말했습니다.
"선생님, 저는 아이들이 자유롭게 생각하고 행동하도록 내버려두어야 한다고 생각해요. 그래야 그들이 일찍부터 스스로 결단하는 법을 배우거든요. 어린이들 스스로 잠재력을 키워가는 유일한 길은 바로 이런 것이라고 믿어요." 여기서 선생님은 그 제자의 말을 중단시켰습니다.
"우리 정원의 꽃을 좀 보러 갈까?"
이렇게 말하고 선생님은 제자와 함께 정원으로 갔습니다.
제자는 뜰을 한번 둘러보고는 놀라서 외쳤습니다.
"아니! 왜 여기는 잡초들밖에 없지요?"
"여기도 예전엔 꽃들로 가득했단다. 그런데 금년에는 글을 쓰기에 바빠서 손질을 못하고 내버려두었지.

자기들이 자라고 싶은 대로 자라도록 내버려두면 정원이 어떤 모습이 되는지 한번 보고 싶기도 했고. 그랬더니 이렇게 되었단다."

마음껏 자랄 수 있도록 자유로운 환경을 조성하는 것과 그냥 방치해 두는 것은 전혀 다릅니다. 여러분의 반은 어떤 상태라고 생각합니까?

주제 연구 가이드

자신의 반을 정원에 비유하여 표현하는 것은 자신의 반 상태를 점검해 볼 수 있는 계기가 될 것입니다. 이를 더 구체화시키고 싶다면 말이 아닌 그림으로 표현하게 지도하세요.

자신의 반 상태가 어떤 정원의 모습인지 그림으로 그리게 한다면, 좀 더 구체적으로 생각해야 하기 때문에 반을 점검하는 데 큰 도움이 될 것입니다.

문제 설명

나는 얼마나 우리 반 어린이들에 대해 관심과 사랑을 가지고 돌보고 있는지 생각해 봐야 합니다.

Book 주제연구

[읽을 말씀]

예레미야 23:1~2

1여호와의 말씀이니라 내 목장의 양 떼를 멸하며 흩어지게 하는 목자에게 화 있으리
라 2그러므로 이스라엘의 하나님 여호와께서 내 백성을 기르는 목자에게 이와 같이
말씀하시니라 너희가 내 양 떼를 흩으며 그것을 몰아내고 돌보지 아니하였도다 보
라 내가 너희의 악행 때문에 너희에게 보응하리라 여호와의 말씀이니라

마태복음 25:36

헐벗었을 때에 옷을 입혔고 병들었을 때에 돌보았고 옥에 갇혔을 때에 와서 보았느니라

야고보서 1:27

하나님 아버지 앞에서 정결하고 더러움이 없는 경건은 곧 고아와 과부를 그 환난 중에 돌보고 또 자기를 지켜 세속에 물들지 아니하는 그것이니라

1. 하나님은 어떤 목자에게 화가 있다고 말씀하십니까?(렘 23:1~2)

   정답 : 양 무리를 멸하고, 흩고, 몰아내고, 돌보지 아니하는 목자

문제 설명

성경에는 목자에 대한 표상이 여러 곳(렘 23:2, 겔 34:4, 슥 11:16, 요 10:11~15, 벧전 5:2~4)에서 소개됩니다. 위의 본문도 그중 하나입니다. 칼빈은 이 구절을 번역할 때, "이것은 분명히 양 무리를 돌보지 아니하고 기르지 않았다는 것을 말한다."라고 하였습니다. 또한 "여기서 '돌본다'는 것은 감독하는 모든 직무에까지 확대되는 것으로, 그들이 양 무리를 방치하고 배신하고 버렸다는 것을 말한 듯하다."라고 덧붙였습니다. 즉, 목자의 중요한 사명 중 하나는 양 무리를 돌보는 것입니다. 그러므로 오늘날 교사는 자신에게 맡겨진 어린이들을 돌보는 심방의 사명이 있음을 깨달아야 합니다.

2. 예레미야 23장 2절에서 '돌보지 아니하였다'라는 말은 쉽게 이야기하면 '심방하지 않았다'는 것을 의미합니다. 이렇게 심방하지 않는 목자들에 대한 하나님의 평가는 무엇입니까?

   정답 : 악행을 보응하리라.

문제 설명

하나님은 목자가 자신의 양 떼를 돌보지 않는 것을 악행이라고 평가하십니다. 즉, 교사가 자신에게 맡겨진 하나님의 양 떼를 잘 돌보지 않는 것은 악한 행위

라고 말씀하시고 이에 대해 보응하리라고 하나님의 이름을 걸고 말씀하십니다. 그러므로 이 말씀은 교사 된 우리에게 무서운 경고인 동시에 복된 말씀인 것입니다.

3. 입을 옷이 없고 병들고 힘든 일을 겪고 있는 이들이 있다면 어떻게 해야 한다고 성경은 말합니까?(마 25:36)

정답 : 옷을 입히고, 돌보고, 찾아가야 한다.

문제 설명

본문의 말씀에 근거하여 종교개혁 이후의 개혁교회 전통에서는 환자와 갇힌 자를 심방하는 것을 규정으로 정하여 시행해 왔습니다. 그러나 이 본문을 더 풍성하게 나누기 위해서는 단순히 심방만 따로 떼어 생각할 것이 아닙니다. 마태복음 25: 35~36에서 소개되는 일들은 목회자, 교사만 해야 할 일이 아니라 교회 전체가 힘써야 할 일입니다. 오해하지 말아야 할 것은 이것이 구원에 이르게 하는 것은 아니라는 점입니다. 이 같은 삶의 방식은 구원받은 성도의 삶이 어떠해야 하는지 잘 알려주고 있는 말씀입니다. 이것이 모든 성도가 힘써야 할 당연한 것이라면 교사들은 굳이 강조하지 않아도 그 중요성을 깨달아야 합니다.

4. 하나님 앞에서 참된 경건의 삶은 무엇이라고 말하고 있습니까?(약 1:27)

문제 설명

칼빈은 "곤고한 경우에 '돌아본다'는 것은 압박받고 있는 자들에게 구제의 손길을 편다는 뜻"이라고 하였습니다. 이 본문은 굳이 목회자, 교사가 아니라도 성도가 어떤 삶을 살아야 할 것인지를 분명히 말해주고 있습니다.
일반 성도들에게 요구되는 삶이 이러하다면, 교사에게 요구되는 삶은 오죽하겠습니까? 교사로서 우리의 시선이 누구를 향해야 하겠습니까? 우리의 마음이 하나님의 마음을 닮아야 함을 깨달아야 합니다.

Look 적용점 살피기

1. 심방이 왜 중요하다고 생각하는지 자신의 생각과 경험에 비추어 말해보세요.

2. 반 어린이들 중에 친구, 부모와의 관계, 또는 여러 가지 문제로 어려움을 겪는 어린이가 있다면 무엇 때문에 힘들어하고 어떻게 도울 수 있을지 서로 나누고 기도하세요.

문제 설명

요즘 어린이들의 성장과 발달은 전에 비해 매우 빠르게 진행됩니다. 그로 인해 선생님들이 중·고등학교 시절에 느끼고 고민했던 것들을 벌써 느끼고 고민하는 어린이들도 많습니다. 특히, 신앙에 대해 고민하고, 친구들과 인격적 관계를 형성하지 못해서 힘들어하는 친구들도 흔히 찾아볼 수 있습니다.
사회적으로는 편부, 편모의 가정, 두 가정이 하나로 된 가정 등 가정의 형태가 다양화되면서 가정의 문제를 가지고 있는 어린이들도 많습니다. 또한 맞벌이 부부가 늘면서 방치되어 외로움을 타는 어린이들도 많이 있습니다. 반 어린이들의 신상카드를 살펴보고 관심과 사랑을 가지고 어린이들을 본다면 이와 같은 문제를 쉽게 발견할 수 있습니다. 어린이들의 실제적이고 현실적인 문제들을 서로 나누고 다 같이 무릎을 꿇고 하나님께 맡기며 긍휼을 베풀어 달라고 기도해야 합니다.

3. 하나님은 심방하지 않고 방치함으로 우리에게 맡겨준 하나님의 양들이 힘들어하고 흩어지는 것을 원치 않으십니다. 이와 같은 모습을 악행이라고 평가하십니다. 지금 하나님이 나에 대해 평가하신다면 뭐라고 말씀하실지 생각해 봅시다.

Took 실천사항 찾기

한 주간 실제로 실천할 수 있는 구체적인 내용 3가지를 적어보고 그 결과를 점검해 봅시다.

	실천할 내용 (구체적으로 기록하세요)	점검 (10기준)	느낌 및 다짐
1			
2			
3			

기도하겠습니다.
오늘 나눔을 통하여 깨달은 점을 생각하며 기도문을 작성해 보세요.

교사를 위한 잠언

나에게는 작은 것이 다른 사람에게는 무엇보다 큰 것이 될 수 있다.
- 이름 없는 교사

마무리 예화

가장 귀한 것, 가장 나쁜 것

그리스의 우화 작가인 이솝은 기원전 6세기경 사모스에서 철학자 쿠잔토스의 노예로 있었다고 합니다. 그는 총명하고 지혜가 뛰어나 주인의 사랑을 받았습니다. 하루는 주인이 이솝이 얼마나 슬기로운지 시험하기 위하여 다음과 같은 질문을 하였습니다.

"세상에서 제일 귀하고 좋은 것이 무엇이냐?"

이솝은 "사람의 혀"라고 대답하였습니다. 왜냐하면 혀는 진리와 이성을 표현할 수 있는 기관이기 때문이라고 설명하였습니다.

주인은 다시 물었습니다.

"세상에서 제일 나쁜 것은 무엇이라고 생각하느냐?"

이솝은 역시 "사람의 혀"라고 대답하였습니다. 왜냐하면 혀는 남을 중상하고 모략하는 도구로 사용될 수 있는 기관이기 때문이었습니다.

교육 자료 7

이 부분은 필요할 때 특강 강의안으로 사용 가능합니다.
'Book' 또는 'Look' 전·후 부분을 나눌 때 참고하면 좋습니다.

어린이 심방 및 상담

1. 심방이란? 주님께서는 "네 양 떼의 형편을 부지런히 살피며 네 소 떼에게 마음을 두라"(잠 27:23)고 말씀하셨습니다. 심방은 학생의 가정을 방문하여 그들의 상황을 개인적으로 살피고 신앙적인 도움과 위로를 주는 영적 교제입니다.

2. 심방의 중요성 심방을 통해 교사는 ① 어린이의 가정 환경과 영적인 분위기를 파악하며 ② 어린이의 고민을 발견하고 기도의 제목을 찾아 작성하며 ③ 불신 가정이라면 그 가정을 전도하는 기회로 삼고 ④ 부모와 유대관계를 맺어 학생의 신앙 관리의 동역자로 삼아야 합니다.

3. 심방 시 주의 사항 ① 생활 환경 조사서나 심방 카드를 지참하여 세심하게 기록합니다. ② 심방할 어린이의 부모에게 미리 연락하여 시간을 정해 둡니다. ③ 옷차림을 단정히 하며 언어 사용에 유의해야 합니다. ④ 가능한 한 저녁시간은 피하고 심방 시간은 30분을 초과하지 않도록 합니다. ⑤ 어린이 심방에 맞는 성경 말씀, 찬송 등을 사전에 준비합니다. ⑥ 가족들과 교제를 나눌 때 기도 제목을 받아서 기도를 합니다. ⑦ 가정 방문이 여의치 않으면 가까운 외부 장소(놀이터, 교회, 분식집 등)에서 만나도록 합니다.

4. 상담의 이해

① 고전적 이해 상담은 문제 지닌 내담자와 문제의 해결을 도와주는 자, 곧 상담자와의 상호작용으로 그 문제를 해결하는 것입니다.

② 성경적 이해 성경적 상담은 꼭 문제를 지닌 피상담자가 찾아오는 것이 아니라, 지도자가 볼 때 문제를 가지고 있는 피상담자를 먼저 찾아가 문제를 해결할

수도 있으며 필요에 따라 예방 차원에서 교육하고 상담할 수도 있습니다. 고전적 상담은 문제를 지닌 사람이 찾아오는 것이기 때문에 '내담자'라고 표현하지만, 성경적 상담에서는 상담을 받으러 찾아오기도 하지만 때로는 필요에 따라 상담자가 찾아가야 하기 때문에 '피상담자'라고 표현합니다. 여기서 중요한 것은 성경적 상담은 필요에 따라 찾아갈 수 있어야 합니다.

5. 상담 시 주의해야 할 10계명

① 기도로 준비하고 기도로 마무리 하십시오. 성령님의 도우심을 구하고, 나를 통해 성령님이 피상담자의 마음을 치료하시고 위로하시길 기도합니다.

② 분위기를 조성하십시오. 상담에 있어서 분위기가 중요합니다. 피상담자가 편안하고 다른 사람의 눈치를 보지 않고 이야기할 수 있어야 하며, 피상담자의 시선이 분산되지 않도록 주의해야 합니다.

③ 잘 들어주세요. 잘 들어주기만 하여도 상담의 반은 성공한 것입니다.

④ 적절한 질문을 사용하세요. 질문은 문제의 핵심에 효과적으로 도달할 수 있는 데 도움을 주며, 이를 통해 상담자가 피상담자의 이야기를 정확하게 이해했는지 확인할 수 있습니다.

⑤ 적절한 반응을 하라. 피상담자의 이야기에 "아, 그랬구나", "너 정말 속상했겠다" 등의 반응을 보여주면 이야기하는 것을 효과적으로 도울 수 있습니다.

⑥ 문제를 정확히 파악하십시오. 대부분의 피상담자는 문제를 돌려 얘기 할 때가 많습니다. 상담자는 문제가 무엇인지 파악하려고 노력해야 합니다.

⑦ 어휘 선택에 신중하십시오. 격려와 설득, 위로의 말을 사용하십시오.

⑧ 성급하게 결론을 내리지 마십시오.

⑨ 지속적으로 관리합니다.

⑩ 구원과 성장의 기회로 만드십시오. 예수님을 전하고 구원과 신앙 성장의 기회로 이끌어 주어야 합니다.

『가르침의 십계명』

1계명 완벽을 기대하지 마세요. 학생들은 배우는 중입니다. 그들이 하는 모든 것은 다음을 위한 연습입니다. 인내심을 가지고 그들의 노력을 지켜보세요.

2계명 해답을 주지 마세요. 어린이들이 탐구와 발견을 통해 배우게 하세요. 사고를 자극하는 질문과 도움이 되는 자료로 그들을 탐구로 인도하세요.

3계명 공과만 가르치지 마세요. 중요한 관계를 형성하는 데 시간이 필요합니다. 학습자의 즉각적인 필요에 집중하세요. 하나님께서 특별한 필요를 채우기 위해 공과 계획을 변경하도록 이끄신다고 느낄 때에는 그분의 인도하심대로 순종하세요.

4계명 둔해지지 마세요. 어린이들이 어른의 축소판은 아니지만 어른을 존중하듯 어린이들을 존중할 필요가 있습니다. "…하겠어요?"와 "감사해요"라는 말을 자주 사용하세요. 당신이 어린이들에게서 기대하는 행동의 본을 어린이들에게 보여주세요. 그들의 육체적 필요를 만족시키기 위해 고안된 학습 설비를 제공하세요.

5계명 그릇된 행동을 용납하지 마세요. 명확하고 연령대에 맞는 규율을 제공하세요. 수긍할 수 있는 징계를 베푸세요. 벌을 주기 위함이 아니라 훈련하기 위한 훈육을 하세요. 훈육이 학습자들로 하여금 절제를 하도록 하세요. 그것이 바로 핵심입니다.

6계명 실망시키지 마세요. 교사가 내뱉은 부주의하고 비판적인 말은 여린 마음에 상처를 줄 수 있습니다. 잘못된 행동에 대해 어린이의 인격을 무시하지 않으면서도 바로잡아줄 수 있는 방법을 개발하세요. 어린이들의 노력과 능력을 비교하지 마세요. 각 어린이의 장점을 칭찬하고 진보를 인식하세요.

7계명 지루하게 만들지 마세요. 공과 계획에 다양성을 계획하세요. 미술, 드라마, 음악, 인형극, 퍼즐 및 게임을 사용하세요(공과 계획에 포함된 모든 것이 하나님의 말씀에 대한 교수 목표와 부합해야 함을 잊지 마세요.). 학습자들의 집중된 관심이 흩어질 정도로 프로그램을 질질 끌지 마세요.

8계명 준비 안 된 모습으로 서지 마세요. 공과를 연구하세요. 교수 목표를 알고 가르침에 임하세요. 자료를 준비하세요. 허겁지겁 학급에 나타나 교사용 공과를 읽어나가는 것은 "난 신경 안 써!"라는 말을 큰 소리로 외치는 것과 같습니다. 당신이 도착했을 때 한 어린이라도 학급에 와 있다면 당신은 이미 늦은 것입니다.

9계명 불평하지 마세요. 어린이들은 하나님과 교회를 향한 일생의 태도를 배우는 시기에 있습니다. 만약 가르침에 대한 당신의 태도가 무거운 짐을 진 수고자와 같다면 차라리 어린이들이 쓸 연필을 다듬어 주는 것이 더 나을 것입니다. 불평하는 마음으로 가르치지 마세요. 가르침은 기쁨이 되어야 합니다.

10계명 성장을 멈추지 마세요.
어린이 사역의 지도자들은 흔히 다재다능한 사람이기 때문에 교회에서 많은 일들을 맡아 동분서주하느라 성경공부, 예배 및 다른 사람들과의 교제를 위한 시간을 내기 어려운 경우가 있습니다. 개인적인 성장은 필수입니다. 최고의 교사는 잘 배우는 교사입니다.

『학생이 교사에게 바라지 않는 것 12가지』

1. 자신의 삶은 변화되지 않으면서 오로지 가르침에만 관심을 두는 것을 원하지 않습니다. 학생은 교사가 자신을 모델로 제시할 때 비로소 교사로 받아들이게 됩니다.

2. 허공을 치는 것처럼 삶에 적용되지 않는 가르침을 원하지 않습니다. 교사의 가르침은 구체적이며 삶에 적용될 수 있어야 합니다.

3. 자신이 이야기한 모든 것을 학생들이 다 배웠다고 생각하는 태도를 원하지 않습니다. 자신의 주관대로만 학습을 지도해 나가는 교사는 학생들이 가장 싫어하는 스타일 중 하나라 할 수 있습니다. 상호교류하는 교사가 인격적인 교사로 인정될 수 있습니다.

4. 학생의 삶에는 관심을 두지 않으면서 교사라고 생각하는 것을 원하지 않습니다. 말로만 학생들을 사랑한다고 하는 것은 공허한 말일뿐이다. 자신들의 삶에 관심을 두고 그것을 점검하며 도와주는 교사에게 학생들은 사랑받는다고 느끼게 됩니다.

5. 가르침에 있어서 변화, 성장하지 않는 교사를 원하지 않습니다. 매번 같은 가르침, 항상 똑같은 스타일, 항상 같은 교수법 등은 학생들의 기대를 무너뜨립니다. 학생들은 이런 교사에게 더 이상 귀를 기울이려 들지 않습니다.

6. 자신들의 특별한 개성을 이해해 주지 못하는 교사를 원하지 않습니다. 각자의 개성을 이해해 주지 않을 때 학생은 교사에게 마음을 열지 않습니다. 그 이유는 자신이 그 교사에게 받아들여지지 못하고 있다고 느끼기 때문입니다. 학생은 교사로부터 "그럴 수 있어. 너의 그런 점도 이해할 수 있단다."라는 말을 듣고 싶어 합니다.

7. 학생들은 자신들을 내려다보는 것을 원하지 않습니다. 학생들은 자신들이 동등한 인격체, 완성된 인격체로서 존중받기를 원합니다. 어린아이 취급하거나 "넌 아직 몰라"라고 쉽게 취급해 버리는 교사에게는 다가가지 않습니다.

8. 학생들은 일관성 없는 교사를 싫어합니다. 교사의 가르침이 경우에 따라 달라질 때, 교사는 신뢰를 상실하게 됩니다. 학생은 더 이상 교사를 믿으려고 하지 않게 됩니다.

9. 웃지 않는 교사를 원하지 않습니다. 항상 냉정하고 빈틈없어 보이는 교사를 학생들은 결코 존경하지 않습니다. 학생들은 자신들을 향해 웃어주고, 또 자신들에게 재미있는 모습을 보여주기도 하는 편안한 교사를 원합니다.

10. 감각이 없는 교사는 원하지 않습니다. 학생은 교사가 외적으로 단정한 이미지를 나타낼 때 그로부터 매력을 느끼게 됩니다. 만일 언제나 똑같은 복장을 하고, 단정하지 못하며, 유행에 뒤처지는 모습을 하고 있다면 그 교사 주변에는 학생들이 그리 많지 않게 될 것입니다.

11. 적절히 권위를 나타내지 못하는 교사를 존경하지 않습니다. 자신의 권위를 나타내야 할 때와 그렇지 않을 때를 구분하지 못하는 교사를 학생들은 존경하지 않습니다.

12. 필요할 때 방패가 되어 주지 못하는 교사를 원하지 않습니다. 학생이 느끼기에 위기의 순간에 학생들과 똑같이 연약함을 보이는 교사를 학생들은 의지하지 않게 됩니다.

송지헌 목사

다음 세대에게 바른 신앙을 전수하는 것은 오늘을 살아가는 그리스도인의 책임이자 사명입니다. 우리에게 맡겨진 자녀들이 하나님을 거부하고 하나님과 상관없이 살아가는 '다른 세대'가 되어서는 안됩니다. 다음 세대를 세우고 교회학교를 일으키기 위해서는 무엇보다 교사 된 우리가 말씀 앞에 바로서야 합니다. 하나님의 부르심 앞에 바로 서야 하며, 학생들 앞에 신앙의 모범으로 바로 서야 합니다.
이 책은 단순한 성경 공부 교재나 교육학적 전문 지식, 혹은 가르침의 기술을 다루는 책이 아닙니다. 다음 세대를 향한 동일한 마음과 뜻을 품은 교사들이 함께 아파하고 기쁨을 나누며, 하나님 앞에서 사명자로 바로 서도록 돕기 위한 책입니다.

저자는 총신대학교 교육대학원에서 종교교육학 석사(M.Ed)를, 안양대학교 신학대학원에서 목회학 석사(M.Div)를 졸업했습니다. 다음 세대에 대한 뜨거운 열정으로 여름 성경학교와 교사 교육 전문 강사로 활발하게 활동했습니다. 특히 캐나다에서는 유학생들과 이민 2세대를 신앙으로 세우는 사역을 감당했습니다.

현재는 한국에서 '함께하는 교회' 담임목사로 섬기며, '함께하는 사무엘스쿨'(전일제 기독교 대학학교)의 교장으로 재직하고 있습니다. 주일 하루의 신앙을 넘어, 삶 전체로 이어지는 전인격적인 신앙 교육을 실천하고 있으며, '함께하는 커뮤니케이션즈 선교회' 대표로서도 헌신하고 있습니다.